SOUVENIRS

D'UN

MOBILE DU VEXIN

TABLETTES DE LA 2ᵉ COMPAGNIE

Cantons d'Etrépagny et de Gisors

1ᵉʳ BATAILLON — 39ᵉ RÉGIMENT

EURE

Prix : 1 fr. 50

PARIS

Frédéric HENRY, éditeur, galerie d'Orléans

GISORS

BARDEL, imprimeur-libraire

LAPIERRE, libraire, imprimeur du journal le Vexin

1871

SOUVENIRS

D'UN

MOBILE DU VEXIN

TABLETTES DE LA 2e COMPAGNIE

Cantons d'Étrépagny et de Gisors

1er BATAILLON — 39e RÉGIMENT

(E U R E)

PARIS

Frédéric HENRY, éditeur, galerie d'Orléans

GISORS

BARDEL, imprimeur-libraire

LAPIERRE, libraire, imprimeur du journal le Vexin

1871

PARIS. — IMPRIMERIE ÉMILE VOITELAIN ET Ce

61, rue Jean-Jacques-Rousseau

PRÉFACE

———

Cette publication, dédiée aux Mobiles des cantons de Gisors et d'Étrépagny, est uniquement destinée à conserver dans le Vexin le souvenir de notre rude campagne. Si d'autres lecteurs jettent les yeux sur ces quelques pages, ils verront quelles fatigues, quelles privations de toutes sortes nous avons endurées; ils reconnaîtront que, malgré la tâche ingrate qui nous était dévolue, nous avons rempli notre devoir et bien mérité de notre malheureux pays.

SOUVENIRS

D'UN

MOBILE DU VEXIN

CHAPITRE Ier

Appel à l'activité de la mobile.— Organisation du 1er bataillon de
l'Eure. — Départ d'Évreux pour Louviers.

Le décret qui appelait toute la mobile de l'Ouest à
l'activité nous fit quitter Paris le 18 juillet 1870
pour nous rendre à Évreux, où il était plus facile
d'obtenir des ordres qu'au ministère de la guerre.
Dans ces bureaux il y avait déjà un surcroît de besogne et une confusion d'autant plus grande que les
services de la garde mobile y étaient à peine organi-
sés. La mort du maréchal Niel avait empêché la
mise à exécution immédiate d'une loi si utile et qui
eût donné 550,000 combattants de plus à la France.
Seuls, les chefs de bataillon et les capitaines
étaient nommés quand nous arrivâmes à Évreux.

Encore ces derniers n'étaient-ils pas au complet. Après quelques jours d'attente, ordre fut
donné aux officiers du 1er bataillon de rejoindre
Louviers, leur centre de formation. On appela les
lieutenants et sous-lieutenants qui n'étaient alors
que proposés, puis les mobiles désignés pour former les cadres des compagnies. Cette convocation
n'eut lieu que le 13 août; il y eut donc presque un
mois perdu sans motif.

L'instruction des sous-officiers et caporaux com-
mença immédiatement, sous la direction des capitaines, et nous devons rendre cette justice à la
2e compagnie, en disant que dès les premiers
jours son cadre, composé de jeunes gens actifs et
instruits, apprit rapidement les écoles du soldat et
de peloton, malgré toute leur aridité. Nous fûmes
secondés dans cette besogne par un instructeur de
nos compatriotes, ancien sous-officier, qui mit dans
ses fonctions une longanimité et un zèle que nous
sommes heureux de signaler ici.

Les places Royale, du Neubourg et de Rouen,
étaient les lieux habituels de nos exercices. Nous
avions commencé nos manœuvres au champ Bé-
quet, mais l'humidité matinale et l'éloignement de
cette vaste prairie nous fit renoncer bientôt à y aller.

Louviers est une des villes les plus jolies du département. Notre bataillon a reçu d'ailleurs un si
bon accueil de ses habitants, que nous n'aurions pas
besoin des beautés pittoresques du pays pour en
conserver le meilleur souvenir. Riches comme pauvres ont hébergé les mobiles, leurs compatriotes,
durant de longues semaines, dans des jours où l'in-

dustrie était en souffrance et où l'ouvrier chômait trop souvent.

Combien de fois, honteux de ces contre-marches, dont le gouvernement de la défense nationale avait seul le secret, honteux de ces retours au point de départ, avons-nous usé de l'hospitalité qui nous était offerte ! C'est à ce point que la 2e compagnie, à peine arrivée sur la place de Rouen, n'attendait pas ses billets de logement pour se disperser dans tous les sens et courir chez ses anciens hôtes.

Si nous insistons sur ce point, c'est que dans d'autres étapes nous avons été souvent obligés de frapper à bien des portes avant de trouver un abri.

Nous ne pourrions faire ici l'histoire de Loûviers, tant cette vieille ville a vu d'événements se passer dans ses murs. Au moyen âge, elle était fortifiée et eut à soutenir deux siéges contre les Anglais. Durant ces guerres, les bourgeois déployèrent un courage qui est signalé, à plusieurs reprises, dans les chroniques du temps. Il semblerait que ce caractère belliqueux s'est continué jusqu'à nos jours ; la 7e compagnie de notre bataillon était une des meilleures du régiment ; quant à la garde nationale et à la compagnie de pompiers, elles n'avaient pas avant les derniers événements cet air grotesque que l'on remarquait chez celles de beaucoup d'autres villes. Leur organisation était sérieuse, et les chefs dirigeaient les manœuvres comme d'anciens troupiers. Sans aucun doute, les habitants, marchant sur les traces de leurs ancêtres, eussent opposé de la résistance lors de l'invasion prussienne, si cette résistance eût été efficace. Mais depuis le quinzième siècle la stratégie a bien changé, et les pièces à longue portée auraient bientôt anéanti une ville sans aucune défense et couronnée de hauteurs qui la dominent de toutes parts.

On en est à se demander si les villes, en général, devront toujours être dans les luttes à venir un objectif de l'ennemi et auront à soutenir des siéges si funestes aux populations urbaines. N'est-il pas injuste d'englober dans la guerre tout un monde forcément neutre, qui ne mérite aucunement les représailles du vainqueur? Il semble que les cités ne devraient pas être des points de défense et qu'on pourrait en revenir aux camps retranchés de César, si nombreux dans toute la Gaule. Leur isolement et leur austérité avaient, en outre, l'avantage d'empêcher la corruption des troupes.

Dans le chapitre suivant, nous commençons le récit de notre campagne, sous la forme d'éphémérides. A peine avons-nous passé sous silence quelques rares journées employées à nous reposer, tandis que les autres compagnies étaient de service. Le lecteur y verra nos marches, nos contre-marches et les fatigues de tout genre qu'il a fallu supporter pendant sept mois, par un des hivers les plus rigoureux qu'on ait vus depuis longtemps, et recevant sans cesse des nouvelles de nature à ébranler notre moral. Les quelques anciens militaires qui faisaient partie de notre bataillon ont trouvé eux-mêmes que nos souffrances étaient plus grandes que devant Sébastopol, où cependant, comme on le sait, les privations et le froid ont été excessifs.

CHAPITRE II

Journal des mois d'août et de septembre.— Formation de la compagnie. — Instruction des cadres et des mobiles. — Séjour à Louviers. — Voyage à Fleury-sur-Andelle. — Départ de Louviers pour Vernon. — Premières nuits à la belle étoile dans la forêt de Bizy.

13 août. — Arrivée des cadres à Louviers. — Essais infructueux de baraquements et d'ordinaire. On se décide à nous loger chez l'habitant, dans la pensée que notre séjour sera de courte durée dans cette ville.

Les bureaux de la mobile s'installent dans une des dépendances de l'Hôtel-de-Ville (maison d'Angreville), vieille bicoque sans aucun mobilier, avec une allée étroite où doivent venir se presser les recrues de notre bataillon.

17 août. — Arrivée des mobiles.

18 août. — On coupe les cheveux, on tond les barbes dans le petit jardin de la bicoque, puis l'on distribue des blouses blanches avec pattes en drap garance. Ce premier vêtement n'a rien de militaire. En attendant les képis, chaque homme est tenu d'orner sa casquette ou son chapeau d'un bouton de couleur différente, suivant les compagnies. Le jaune pâle est assigné à la deuxième.

20 AOUT. — Révision. Elle s'effectue avec une rapidité et une sévérité qui prouvent que l'on a besoin de chair à canon.

22 AOUT. — Première promenade militaire, faite sans fusils, ce qui nous donne l'air peu martial. On remonte la rive droite de l'Eure jusqu'au village d'Acquigny, où se trouve un château construit, dit-on, par François Ier pour l'une de ses maîtresses.

Le retour s'effectue par Pinterville et la rive gauche. Les mobiles sont un peu fatigués de cette première course, bien que la distance parcourue ne soit que de 12 kilomètres.

Du 20 août au 3 septembre, nous commençons les exercices matin et soir. On nous distribue des fusils à piston, en attendant mieux.

La nouvelle du désastre de Sedan nous plonge dans la stupeur.

4 SEPTEMBRE. — Proclamation de la République. La consternation causée par nos premiers revers nous laisse assez froids au sujet de cette nouvelle forme de gouvernement, venue toute faite de Paris. On établit un poste à la gare, dans un but de sécurité.

6 SEPTEMBRE. — Il est question d'envoyer la mobile de l'Eure à Paris, où l'a déjà précédé la mobile de la Seine-Inférieure. Nous nous réjouissons en pensant que nous ferons partie d'un corps d'armée et que nous participerons à la défense de la capitale.

7 SEPTEMBRE. — Nous recevons notre équipement

complet. Nos vieux fusils sont remplacés par les fusils à tabatière, arme trop lourde, qui crache et ne rend pas facilement la cartouche. On apprend chaque jour que les Prussiens s'avancent de plus en plus vers Paris.

Ennui de notre inaction.

8 SEPTEMBRE. — Les capitaines Méry, de Saint-Foix et le lieutenant Dujardin sont envoyés par le commandant, en députation auprès des autorités d'Évreux pour demander que le bataillon fasse partie de l'armée de Paris.

11 SEPTEMBRE. — La journée avait été d'autant plus calme, que beaucoup de mobiles étaient en permission dans leurs familles, lorsque vers le soir, une certaine agitation se produit en ville, sur la route de Rouen. Le nombre des curieux augmente rapidement. L'on entend des vociférations, puis bientôt apparaît sur la place un grand homme vêtu d'un uniforme étranger, que le sous-lieutenant Du Buisson cherche à préserver des insultes et des violences de la foule, qui déjà l'avait forcé à descendre de la voiture où il était avec un domestique. Pour lui sauver la vie, on l'enferme à la maison D'Angreville; le capitaine de Saint-Foix arrive, fait fermer la grille et procède à un interrogatoire. Cet étranger, qu'on avait pris pour un prussien, à cause d'une similitude d'uniforme, n'est autre qu'un courrier de cabinet de la reine d'Angleterre, M. le capitaine Johnston. Chargé par son gouvernement d'aller porter des dépêches à l'ambassade britannique, il avait trouvé la ligne du Nord coupée au-dessous d'Amiens et espérait, en passant par Rouen, gagner Paris par Mantes. Mais toute communication ferrée étant rom-

pue, même de ce côté, notre Anglais, prenant la poste, était venu échouer à Louviers. Cet itinéraire en zigzag ne rassure guère les officiers rassemblés dans la salle où sont les deux prisonniers. Dans la rue, l'affluence est énorme et les mobiles de faction ont peine à contenir la population. Les cris et les menaces redoublent. Quelques exaltés veulent forcer la grille. M. de Saint-Foix parlemente avec la foule et parvient à la calmer. Il est convenu que le capitaine Johnston sera conduit sous bonne escorte à Évreux et remis entre les mains du préfet. Cette décision contente tout le monde. Le courrier de cabinet monte en voiture, en compagnie de MM. de Saint-Foix et Savignac. Une seconde calèche contient le valet de chambre, d'origine américaine, dont le physique sournois nous inspire de la répulsion, puis des mobiles et des gendarmes. Durant le trajet, la conversation achève de rassurer les officiers de l'escorte sur la nationalité anglaise de M. Johnston. C'est bel et bien un agent britannique.

18 SEPTEMBRE. — Promenade à Pont-de-l'Arche, par un temps incertain. La pluie nous prend à notre retour, et nous rentrons à Louviers complétement mouillés, sans vêtements pour nous changer.

19 SEPTEMBRE. — Les journaux de Paris nous arrivent pour la dernière fois. Le siége est commencé, mais on croit peu à la possibilité d'un investissement complet. Les pessimistes pensent que la famine amènera une capitulation dans une quinzaine de jours. D'autres ont une confiance aveugle dans le général Trochu, son armée, la garde nationale et les sorties de cent mille hommes venant se joindre aux troupes de la province.

20 septembre. — Les 2ᵉ, 3ᵉ, 6ᵉ et 8ᵉ compagnies partent pour Fleury, où l'on doit réunir des troupes destinées à défendre la vallée d'Andelle. Nous nous mettons en route, contents et espérant rejoindre l'armée de Rouen. En quittant la Seine, on entre dans la vallée d'Andelle, laissant à droite la côte des Deux-Amants.

Puis on arrive à Pont-Saint-Pierre, ce vieux domaine de Guillaume le Conquérant. Là, nous trouvons bon accueil chez les habitants. Le château, orné de tourelles et environné d'eau, semble par sa construction remonter au quinzième siècle.

21 septembre. — Nous partons de Pont-Saint-Pierre pour Fleury, parcourant la jolie vallée de l'Andelle, ayant à notre droite le chemin de fer, à notre gauche la rivière. Nous dépassons Charleval, célèbre par la bataille connue sous le nom de Bremulle ou Brenneville. On aperçoit la magnifique filature de M. Levavasseur, qui affecte la forme de la nef d'une cathédrale gothique.

Halte à Radepont, près du château de ce nom. Arrivée à Fleury. Commencement de la vie militaire. Campement dans une grange. On couche pour la première fois sur la paille. Cuisine sous un hangar, où nous recevons la visite de M. Pouyer-Quertier, qui nous parle de la défense du pays et des derniers événements. Sellier a déjà l'air d'un vieux troupier dans ses fonctions de caporal d'ordinaire.— La garde nationale à cheval de Rouen est prise pour des uhlans et occasionne une alerte.

22 septembre. — Retour de Fleury à Louviers d'une seule traite. On est déjà démoralisé par ces allées et venues infructueuses et si pénibles.

Départ de Louviers pour Vernon, où les Prussiens sont attendus, venant de Pacy.

Nous rejoignons à Saint-Pierre une compagnie du 94e de ligne, commandée par le lieutenant Dumazères. Nous restons de sept heures à dix heures du soir dans la gare, après avoir formé les faisceaux. Le commandant y lit les ordres qu'il reçoit. On se contente pour souper d'un peu de charcuterie. Puis nous nous acheminons dans le plus grand silence vers la forêt de Bizy, et nous couchons sous bois, après avoir vainement cherché, le capitaine compris, à nous fourrer sous la paille d'un hangar dépendant de la ferme de Couvrechef. Impossible de nous orienter et de trouver le moindre tas de feuilles ou d'herbe pour appuyer notre tête. Le but était, dit-on, de couper aux Prussiens la route de Pacy à Vernon. On place des sentinelles avancées. Rien ne paraît. Désappointement.

24 SEPTEMBRE. — Campement dans les châtaigners, délicieux horizon du côté de Vernon et de la Seine. Que le coucher du soleil serait beau, si nous pouvions être gais !

On s'enfonce dans la partie de la forêt située au-dessus du Grand-Val ; la nuit est noire, et nous ne connaissons pas encore l'endroit où nous la passerons. On reçoit l'ordre de s'arrêter sur le penchant d'une côte ; c'est là, dans un taillis, que nous cherchons un gîte, pêle-mêle avec d'autres compagnies.

Les Prussiens, signalés également du côté de Mantes, menaceraient le côté Est de la forêt. Nous en gardons les issues, tandis que des feux allumés sur le lieu de notre premier campement, surveillés et entretenus par quelques hommes de la ligne, doivent donner le change à l'ennemi.

A quatre heures du matin, alerte causée par un mobile somnambule qui rêve aux Prussiens et se croit en lutte avec eux. On reste deux heures à grelotter sous les armes dans une allée.

Un garde de la 2e, qui avait été assez heureux pour reposer sur un tas de feuilles sèches, réchauffe sous ses reins un nid de couleuvres qui lui montent dans les jambes, grâce aux trous déjà nombreux de son pantalon.

25 SEPTEMBRE. — On retourne aux châtaigners, puis à la caserne du train des équipages, à Vernon. Ces bâtiments sont complétement vides. Nous couchons sur la paille, rongés par les punaises.

26 SEPTEMBRE. — Nous déjeunons aux châtaigners. Reconnaissance de la 2e avec la ligne, du côté de Blaru et de Notre-Dame-de-la-Mer. La 7e compagnie pousse une pointe jusqu'à Mantes. Ce coup hardi, dirigé par le capitaine Lasne, avait pour but de prêter main-forte aux francs-tireurs Mocquard, qui devaient attaquer le camp de Maule pendant la nuit. Malheureusement, les Prussiens étant toujours trop bien instruits, ont été informés de ce projet, qu'une poignée d'hommes ne pouvait accomplir que par surprise.

Du 27 SEPTEMBRE AU 1er OCTOBRE. — Même existence dans les bois. Nous recevons de nombreuses visites à notre camp.

CHAPITRE III

OCTOBRE

Mouvement sur Bonnières. — La 2ᵉ compagnie est attaquée par
un corps prussien de 3,500 hommes. — Allées et venues entre
Vernon, Gaillon et Louviers. — Prise de Gisors. — La colonie
de Bizerte. — Le génie fait sauter les ponts de Vernon. —
Combat de Chauffour.

SAMEDI 1ᵉʳ OCTOBRE. — Nous quittons Vernon pour
aller coucher dans la forêt de Bizy, du côté de Normandie ; nous y passons la journée du dimanche.
Arrivée du lieutenant-colonel d'Arjuzon ; son escorte,
composée de quelques gendarmes, est prise pour
des uhlans, et nous courons aux armes.

3 OCTOBRE. — Départ pour aller rejoindre le
3ᵉ bataillon, à Chauffour. Nous allons ensemble à
Bonnières ; mécontentement du 3ᵉ bataillon, qui
veut aller en avant. Les cris : à Mantes ! se font
entendre, et il se commet dans ce bataillon de nombreux actes d'indiscipline. Nous nous séparons à la
pointe de Bonnières, le 1ᵉʳ bataillon retourne à
Vernon, le 3ᵉ prend la route de Pacy. La 2ᵉ compagnie reste de grand'garde au Petit-Val.

Le 3 au soir, à la suite de la reconnaissance opérée par notre bataillon et celui d'Évreux jusqu'à Bonnières, la 2ᵉ compagnie est chargée de surveiller les approches de Vernon, et campe près de Port-Villez, de manière à bien dominer la route qui mène de Bonnières à Vernon. Durant la nuit, le capitaine envoie le sergent-major avec quelques hommes déterminés jusque dans Bonnières, afin de s'assurer de la position de l'ennemi.

4 OCTOBRE. — Au petit jour, les Prussiens n'avaient pas encore paru dans la ville, et nos éclaireurs reviennent sans autres renseignements. Nous nous disposions à rentrer dans Vernon, lorsqu'un homme, passant à bride abattue sur la route, est arrêté par nos sentinelles et nous annonce l'arrivée dans Bonnières de quelques uhlans. Nous brûlons tous du désir d'aller les surprendre. La Compagnie se met sous les armes et part bientôt pour Bonnières en suivant les crêtes qui dominent la rive gauche de la Seine. Les pentes sont, de ce côté, si abruptes et si boisées, que la marche est difficile; plus d'un d'entre nous dégringole dans les carrières; d'autres arrivent au haut de la montagne, les blouses en lambeaux et fatigués de cette longue escalade. Nous n'avions heureusement ni nos couvertures, ni nos sacs, qui eussent rendu impossible cette course par monts et par vaux. Le hameau et le bois de Notre-Dame-de-la-Mer une fois franchis, la colonne fait halte dans un chemin parallèle à la route de la vallée, mais encaissé et tout à fait à l'abri d'une surprise. Le Capitaine ordonne à quelques hommes de se couler jusqu'au haut de la crête et de chercher à voir dans Bonnières. C'est alors que les premiers coups de canon se font entendre. Ils étaient dirigés

sur des bois situés immédiatement au-dessus de la ville où l'ennemi nous croyait embusqués. Quelques mobiles, curieux de voir l'action s'engager, s'avancent un peu trop sur les hauteurs, et aussitôt le feu de trois pièces, placées : l'une près d'une fabrique de pétrole, les autres le long de la route, s'ouvre contre nous. On canonne en même temps une locomotive blindée venue de Vernon en reconnaissance. Malgré tout ce tapage, il est facile de voir que nous n'avons pas affaire à quelques uhlans, mais à plusieurs régiments. On aperçoit les longues lignes de cavalerie qui se déploient du côté de Mantes et soulèvent un nuage de poussière. Par moments, on voit briller les casques, puis bientôt la masse noire enveloppe Bonnières, tandis que des compagnies d'infanterie sortent prudemment des bois et tournent la position. Plusieurs boulets labourent notre montagne, les balles passent au-dessus de nos têtes, mais la Compagnie reçoit ce baptême sans broncher. Déployés en tirailleurs et couchés à plat ventre, nous allions faire feu sur un détachement de cavalerie qui suivait la route, lorsque ce détachement, au lieu de longer la vallée de la Seine, se dirige vers Chauffour, coupant l'extrémité de notre ligne et nous tenant ainsi serrés dans les bois de Port-Villez. La gauche de la compagnie, voulant nous rejoindre plus vite, sort des taillis, et cinq hommes reçoivent plusieurs décharges des uhlans sans être touchés. Nous opérons alors notre retour sur Vernon, trop convaincus de la force des Prussiens (ils étaient trois mille cinq cents, nous étions quatre-vingt-cinq) et espérant que le Commandant, que nous savions à la tête des autres compagnies, derrière la forêt de Bizy, retarderait le mouvement de l'ennemi, qui voulait nous cerner.

Arrivés à la caserne, on nous dit que les autorités veulent nous désarmer, que les habitants n'opposeront aucune résistance et que notre présence est un danger de plus pour Vernon. Nous voyons, en effet, les gardes nationaux rapporter leurs fusils à la mairie. Les postes extérieurs sont tous rappelés et les dispositions sont prises pour recevoir les Prussiens en vainqueurs. La gendarmerie a l'ordre de partir pour Gaillon, et force nous est de suivre ce mouvement.

Durant ce temps le Commandant, qu'on disait fait prisonnier, portait le reste de son bataillon sur la route de Pacy, empêchant ainsi les mouvements tournants qui nous menaçaient, tant de ce côté que par le Petit-Val.

Le même jour, la colonne prussienne que nous avions vue le matin rencontrait, à Pacy, le 3ᵉ bataillon, qui, après un sérieux engagement, se voyait obligé de se replier sur Évreux. Les franc-tireurs Mocquard s'étaient déjà rapprochés de Louviers, renonçant à la résistance. Notre droite se trouvait ainsi à découvert, et la défense de la forêt de Bizy devenait illusoire.

Nous arrivons à Gaillon, exténués; depuis quatorze jours nous ne nous étions pas déshabillés; puis nous couchons à la Maison centrale, où le directeur, M. Leblanc, nous fait le meilleur accueil. Il est curieux de nous voir tous installés dans les lits des condamnés et tous ornés de bonnets de coton. Pendant que les détenus nous apportent à souper dans nos lits, un coup de fusil, attribué à la maladresse d'un prisonnier, cause de l'émotion dans notre dortoir.

5 OCTOBRE. — Séjour à Gaillon. Alerte causée par des émigrants de Vernon. Départ le soir pour Louviers par la route. Malgré l'hospitalité de la Maison centrale, nous quittons sans regret cette ancienne demeure des archevêques de Rouen, devenue un lieu de réclusion où sont enfermés plus de mille condamnés. Le cœur se serre en parcourant toutes les salles de cet immense établissement; on semble sortir d'un bagne.

Altercation à Heudebouville avec les francs-tireurs Mocquart. Celui-ci veut nous retenir et nous réunir à son régiment.

6 OCTOBRE. — Après avoir passsé toute la journée sur la place de Rouen, nous repartons de Louviers pour Saint-Pierre et Gaillon, où nous rejoignons un escadron du 12e chasseurs ayant pour commandant M. Sautelet et pour capitaine-commandant M. de Colbert. Coucher dans une fabrique, sur de la paille.

7 OCTOBRE. — Séjour à Gaillon.

8 OCTOBRE. — Nous prenons la route de Vernon par une pluie battante qui nous accompagne jusqu'à notre destination. Notre bataillon, quatre compagnies du 94e de ligne et les francs-tireurs de Louviers, réunis à Vernon sous les ordres de M. Sautelet, sont consignés au quartier, officiers compris.

9 OCTOBRE. — Occupation de la forêt de Bizy par le bataillon. La cavalerie pousse ses reconnaissances dans toutes les directions et jusque sous les murs du parc du Boisdenemets. Le chasseur Milély est fait prisonnier dans les environs de Gasny. Quel avantage pour nous d'être ainsi éclairés au loin, et

combien les cavaliers nous manqueraient à l'avenir si nous nous en séparions! Ils nous évitent ces incessantes alertes dues à des espions ou à des indigènes affolés, qui prennent pour des Prussiens des vaches, des moutons ou des corneilles.

10 OCTOBRE. — Exercices à Vernon. On se loue beaucoup de l'énergie et du caractère du commandant Sautelet. La discipline militaire devient rigoureuse.

11 OCTOBRE. — Nous apprenons la prise de Gisors par les Prussiens, effectuée la veille. La 2⁵ compagnie part pour la rive droite et campe dans les bois de Saulseuse. — Gourbis. — Nuit humide. — Le Capitaine, attristé par l'invasion du Vexin, nous parle de ses voyages en Afrique et de la fondation d'une colonie dans le cas où notre pays ne serait plus habitable.

Si nous insérons cet entretien dans sa longueur, c'est que bien souvent il a été question dans la compagnie de ces châteaux en Espagne. Les histoires et les chansons trompent l'ennui des routes et des heures de garde. Que de fois nous avons demandé au Capitaine quand pourraient se réaliser les beaux rêves faits dans les bois de Saulseuse!

« Il y a, nous dit-il, à l'ouest de Tunis un joli port appelé Bizerte, où viennent souvent relâcher les barques qui, dans ces parages, servent à la pêche du corail. La ville, traversée par des canaux avec des ponts qui ressemblent à ceux de Venise, touche, d'un côté à la mer, de l'autre, à un immense lac où fourmillent des poissons de toutes espèces. Le climat y est doux sans être trop chaud, grâce aux brises de la Méditerranée et peut-être aussi à cause du voisinage d'une forêt appelée la forêt vierge, remplie de gros et menu gibier. A l'extrémité du lac s'élève une montagne qui forme une île lorsque les eaux sont hautes. Ce pic fort élevé est couvert de broussailles. J'y allai en barque avec quelques amis et plantai ma tente sur le rivage. Notre but était la chasse. Nous revînmes deux jours après avec trois sangliers, six cigognes sauvages, une gazelle, quelques bécassines et deux beaux flamands aux ailes roses. »

Il eût fallu voir combien à ce moment s'illuminèrent les figures des chasseurs de la compagnie. Ils auraient voulu partir dès le soir et quitter la Normandie, où les nuits étaient froides, pour voler en même temps que les hirondelles vers des latitudes plus chaudes.

Tous rêvaient déjà à l'organisation de la colonie. Les professions sont si diverses dans notre compagnie, qu'elle aurait pu se suffire à elle-même. Ingénieurs, industriels, écrivains, médecins, agriculteurs, bouchers, charcutiers, boulangers, commerçants, marins, diplomates, se trouvent confondus dans nos rangs. Un peintre veut se charger de la décoration intérieure du harem du Capitaine devenu pacha. Vinot-Bey est nommé ministre de la guerre, Du Buisson-bey obtient le portefeuille des affaires étrangères, Martineng-Effendi prend celui de la marine, avec Potiquet et Dohin comme amiraux.

Le Capitaine ne veut pas nous dire qui sera chargé de la garde du sérail. Un moblot ambitieux propose d'instituer une décoration qu'on appellera l'ordre de

la couleuvre, en mémoire de celles qui, dans la forêt
de Bizy, s'étaient réchauffées sous les reins d'un camarade.

C'est ainsi qu'autour du feu du bivouac nous cher-
chions à oublier et nos maux et nos préoccupations.
Mais bientôt retentit le sifflet du Capitaine et nous
allons en reconnaissance sur la route de Vernon,
aux Thilliers. Les mobiles veulent pousser jusqu'au
Boisdenemets.

12 OCTOBRE. — Détachements envoyés sous les
ordres du lieutenant et du sergent-major dans la direction de Bois-Jérôme, Tilly, Tourny et la côte du
Beauregard. Rentrée à Vernon.

13 OCTOBRE. — Des lettres parvenues à quelques
mobiles de la compagnie nous donnent des détails
sur la prise de Gisors. Nous insérons ci-dessous un
extrait des procès-verbaux du Conseil municipal de
la ville où se trouve le récit des événements qui ont
précédé et suivi cette prise.

« Il n'y avait pas une demi-heure que les mobiles
et la garde nationale avaient quitté Gisors et s'étaient
massés au nombre d'environ 800 hommes sur le
Mont-de-l'Aigle, qu'on signala aux alentours la présence des uhlans. Bientôt on avertit que des batteries
d'artillerie s'installaient sur les hauteurs qui dominent
la gare du chemin de fer, la route de Trye et la ville
de Gisors. Tout à coup, le canon tonna. On char-
geait pour la seconde fois les pièces, lorsque M. le
maire arriva près du général qui commandait le feu.
Ce général, dont on apprit plus tard le nom, était le
prince Albrecht, neveu du roi de Prusse. M. le maire
lui déclara que l'autorité militaire avait pris en main

la défense de Gisors, mais que l'autorité municipale ne pouvait se dispenser de protester contre le bombardement ou l'incendie d'une ville remplie de femmes et d'enfants.

« Pendant ce temps, des coups de fusil retentissaient vers le Mont-de-l'Aigle et sur le coteau entre Bazincourt et Gisors. Du côté de Bazincourt on pouvait deviner que des groupes de gardes nationaux s'opposaient à la marche de l'infanterie et de la cavalerie, qui débouchaient par le pont aux Princes.

« Le prince fit immédiatement lancer des obus pour soutenir l'attaque du coteau qu'il avait en face de lui, et que prenaient peu à peu en écharpe de la cavalerie et de l'infanterie. Puis, se tournant vers le maire, il dit qu'il consentait à épargner Gisors, à la condition qu'on ne tirerait pas sur ses troupes dans l'intérieur de la ville, que ses batteries resteraient en position, qu'il garderait en otage M. le maire et M. Radou, enfin il chargea M. L. Passy de porter ses conditions aux autorités municipales et militaires.

« Cet incident n'arrêtait pas le mouvement qui concentrait les troupes de l'ennemi sous les murs de Gisors. La cavalerie et l'infanterie s'avançaient toujours. Ce fut à grand'peine que M. Passy les rejoignit près du pont Cappeville, et obtint du major Schramm, commandant de l'infanterie, quelques minutes d'avance. M. Passy en profita pour faire prévenir par M. Auzoux MM. les adjoints et le Conseil municipal, qui, pendant l'absence de M. le maire et des délégués du Conseil, étaient restés en séance. Tandis que le Conseil se levait spontanément et se rendait en corps près du maire gardé en otage, M. Passy atteignait la place Blanmont, à l'extrémité de Gisors, et il apprenait que les mobiles des Landes et les gardes nationaux avaient définitivement opéré leur retraite dans la forêt.

« A cette heure, midi sonnait, la ville était déserte, une grande partie des boutiques fermées. Un détachement de cavalerie, une compagnie d'infanterie remplissaient déjà du bruit de leurs pas le silence de la Grande-Rue. Un quart d'heure après, M. Passy déclarait au prince, en présence de M. le maire et de ses collègues, que la ville de Gisors étant occupée par les troupes prussiennes, l'administration municipale n'avait plus qu'à subir la loi du plus fort. Il demanda seulement pour M. le maire et les conseillers municipaux le temps de rentrer seuls dans la ville, afin qu'ils n'eussent pas la douleur de servir de cortége aux vainqueurs. Le prince y consentit, mais le corps municipal fut bientôt rejoint par le gros de la cavalerie.

« Pendant que ces événements se passaient dans l'intérieur et à l'est de la ville, sur la route de Trye, Gisors était enveloppé au sud, du côté de la route de Paris, et à l'ouest, du côté de la route de Rouen, par des troupes de cavalerie et d'infanterie commandées par le prince de Hohenlohe. Ces troupes, soutenues par du canon, battirent les coteaux du Boisgeloup et de Courcelles, passèrent le pont d'Inval et vinrent couper la route d'Étrépagny, de telle sorte que tout le sud et l'ouest de la ville furent cernés et envahis sans résistance. L'effort d'un combat, très-court d'ailleurs, mais assez meurtrier, fut porté au nord sur la rive de l'Epte et le coteau de Bazincourt. Là se trouvaient les gardes nationaux de Bazincourt, qui cherchèrent à arrêter l'ennemi, puis à rentrer dans leur village. Cachés derrière des maisons ou des pommiers, ils donnèrent et reçurent des coups de fusil. Cette lutte irrégulière dans laquelle le maire de Bazincourt, M. de Briey, intervint avec beaucoup de cœur, coûta la vie à une douzaine de personnes.

« A deux heures, Gisors était occupé par plus de 4,000 hommes ; six pièces de canon et deux obusiers défilaient dans ses rues.

« L'incendie dévorait d'un côté les maisons d'Éragny, de l'autre la ferme des Bouillons. Les officiers prussiens répétaient, pour répandre la terreur, que Gisors avait dû son salut à la présence du général en chef, le prince Albrecht de Prusse.

« Le prince de Hohenlohe, colonel du 3e régiment de uhlans de la garde royale, fut nommé gouverneur de la ville. Il fit prendre possession de la mairie, du collége, de la salle de spectacle, par le 27e de ligne prussien, et fit prévenir les autorités municipales qu'elles eussent à ordonner en son nom la livraison des armes, même des armes de chasse ; mais on se rappelle que la garde nationale était sortie avec ses armes et n'avait pas eu le temps de rentrer dans la ville. Au moment où les obus avaient éclaté sur le Mont-de-l'Aigle, la ville était cernée. Bon nombre de gardes nationaux, pour alléger leur retraite, déposèrent en passant leurs armes dans le cimetière. Les Prussiens y pénétrèrent, trouvèrent les armes, les rapportèrent à la mairie et les brisèrent. Cet incident préserva la ville des perquisitions dont elle avait été solennellement menacée.

« Les premiers ordres donnés pour le casernement des troupes, le prince de Hohenlohe reçut M. le maire et M. Passy. Il leur demanda s'ils pouvaient répondre de la tranquillité de la ville et s'ils étaient certains qu'on ne tirerait plus comme on l'avait fait dans la soirée du jeudi. M. le maire répondit que la ville étant au pouvoir de l'ennemi, il n'avait aucune responsabilité de ce genre à supporter. Le prince demanda alors les noms de ceux qui avaient tiré dans la soirée du jeudi. M. le maire répondit « qu'en vérité il ne les connaissait pas; que, les connût-il, il ne pouvait les nommer. » Le prince sourit et déclara que la ville serait alors frappée d'une contribution de guerre de *dix-huit mille francs*. Il calcula que Gisors possédait environ 3,600 habitants; la contribution de chaque habitant devait être portée à cinq francs par tête. Sur les plaintes que M. le maire fit entendre au sujet du taux élevé de la contribution et du chiffre supposé de la population, le prince ajouta qu'il n'y avait pas lieu de discuter; que le général commandant en chef donnait vingt-quatre heures pour le paiement de cette somme, et que d'ailleurs le meilleur moyen de bien disposer le général en faveur des prisonniers était de payer entièrement et immédiatement.

« M. le maire et M. Passy avaient hâte de reporter cet entretien aux membres du Conseil, mais la mairie était occupée. Une telle confusion, un tel mouvement de troupes régnait aux abords de la mairie, qu'il était difficile d'y pénétrer. Chacun, d'ailleurs, s'employait de son mieux à répondre aux avis menaçants qui arrivaient à la fois de tous côtés. Dans la cour de la mairie, des officiers s'étaient emparés de quelques conseillers municipaux et se faisaient conduire dans les locaux qui pouvaient, la nuit prochaine, abriter les troupes. Ils commandaient les repas, donnaient des instructions et des ordres de toute nature. Devant la salle de spectacle se tenaient rangés deux par deux, liés avec des cordes, les quatorze prisonniers faits sur le coteau de Bazincourt et le Mont-de-l'Aigle. On cherchait à les encourager du regard, si ce n'est de la voix. Sur le marché au poisson, on préparait, on attelait une voiture d'ambulance pour aller aux abords de la forêt relever les blessés et les morts. Chacun cherchait à étourdir sa douleur en rendant quelque service. C'est ainsi que la nuit finit par tomber sur Gisors occupé. On entendit, au son du tambour, retentir l'ordre de fermer les cafés et les maisons, d'éteindre les lumières, de ne plus circuler à neuf heures.

Un silence tristement solennel régnait dès six heures dans toutes les rues désertes et devait se prolonger jusqu'au matin..... »

14 OCTOBRE. — Grand'garde au Petit-Val. Craintes d'être cernés dans la ville de Vernon. Rappel des grand'gardes des deux rives. Troupes consignées dans le quartier. Le soir, le génie fait sauter le pont de pierre. Quel cruel spectacle que cette explosion, qui en une minute anéantissait une si belle construction! Une gerbe de feu s'élance vers le ciel, puis plusieurs détonations sourdes se font entendre. Elles sont suivies du fracas causé par la chûte des pierres de taille; les eaux bouillonnent jusqu'aux rives, et quelques secondes après la Seine reprend son cours tranquille, ensevelissant ainsi les débris des arches et des piles.

Des côtes de Vernonnet partent quelques fusées destinées à annoncer l'événement aux Prussiens. Ces fusées correspondent avec d'autres lancées des points

culminants du pays et doivent aboutir à Mantes.
Notre situation devient critique. Le quartier sera
bombardé de la rive droite quand il plaira aux Prussiens. La nuit se passe à attendre une attaque.

15 OCTOBRE. — La 2ᵉ compagnie reste huit heures
en tirailleurs au bas de Saint-Marcel. On se nourrit
de pommes de terre, que nous devons à la générosité
d'un notaire, M. Louvet. Le pont du chemin de fer
saute. Départ pour Saint-Pierre et Louviers. Nous
nous séparons du 12ᵉ chasseurs et du 94ᵉ de ligne.

Du 16 au 21 OCTOBRE. — Inaction. On reste sans
cesse sur le qui-vive. Appels nombreux avec armes
et bagages. Grand'garde de la 2ᵉ compagnie à Heudebouville. Formation des francs-tireurs de Louviers. Arrivée des gardes nationaux ruraux.

21 OCTOBRE. — Départ du bataillon de Louviers
pour le Port-Morin, par Heudebouville et Venables,
avec mission d'empêcher la reconstruction du pont
des Andelys. On achète des haches. Une grande carte
du département, réquisitionnée dans une sous-préfecture, et portée sur son rouleau en bois par un mobile, excite la curiosité de la colonne. On espère que
la prochaine campagne nous trouvera tous nantis, à
l'instar de nos ennemis, de ces précieuses conseil-
lères. Coucher à Tosny.

22 OCTOBRE. — Exercices. Reconnaissance du côté
des Andelys : on aperçoit deux uhlans dans la côte
du Thuit. Retour à Tosny. Ordre de retourner à
Vernon. Le Commandant va, dit-on, à Gaillon,
soumettre ses observations télégraphiques au général, sur la nécessité de laisser une grand'garde au
pont sauté, la nouvelle se confirmant du projet
qu'auraient les Prussiens d'établir un pont de ba-

teaux en cet endroit. Mécontentement des mobiles au sujet de la nourriture, qui nous manque absolument. Coups de fusil tirés pendant la nuit. Nous nous couchons tous, y compris le Capitaine, sur le fumier d'une écurie.

23 OCTOBRE.—1 heure du matin. Départ de Tosny pour Gaillon, par une pluie affreuse, puis pour Saint-Marcel, près de Vernon, où nous arrivons au jour. Cette marche de nuit, accomplie sous des torrents d'eau, sera certainement l'une des plus dures de la campagne. Le mouvement que nous opérons résulte de la belle affaire de Villégats et d'Hécourt, où les francs-tireurs Mocquart et le 2e bataillon de l'Ardèche venaient de mettre en déroute un corps prussien se dirigeant sur Vernon, pour faire sa jonction avec un autre corps qui, de la rive droite, avait bombardé la ville sans sommations préalables. Dans ce combat, le neveu du général Falkenstein a été tué, et son corps est resté exposé durant un mois dans l'église de Mantes.

24 OCTOBRE. — La 2e compagnie va camper à la Folie-Manceau, ferme située à l'ouest de la forêt de Bizy, dont la défense est confiée au commandant de gendarmerie Chable. Un ordre venant d'Évreux nous envoie coucher à Gaillon. Instances du Commandant pour obtenir que le 1er bataillon forme l'arrière-garde de la colonne de retraite. Nous nous perdons dans les bois, au-dessus de Saint-Marcel. Combien on est las de ces marches! Cependant une magnifique aurore boréale jette des lueurs sanglantes sur notre route. Reflet de la veille ou présage du lendemain, elle suscite dans nos rangs mille prophéties bizarres.

25 OCTOBRE. — Nous retournons sur Vernon et couchons à l'Écouffe, ferme de la forêt de Bizy.

28 OCTOBRE. — Cour martiale à l'Écouffe. Le Capitaine est désigné comme juge. Condamnation de deux mobiles à un an de prison, pour insubordination. La 2ᵉ compagnie va au Souci.

29 OCTOBRE. — On campe à la ferme Louvet. Arrivée de la voiture de la 2ᵉ compagnie, achetée par souscription et destinée à notre ravitaillement.

30 OCTOBRE. — La défense de la forêt de Bizy est de nouveau résolue et confiée à des forces plus considérables que celles qu'on avait jusqu'alors groupées sur ce point. Notre chef de bataillon reçoit le commandement supérieur de la rive gauche, depuis le pont d'Andé jusqu'à Rosny. Notre petit corps d'armée se compose d'un bataillon de l'Ardèche, fort de 1,500 hommes, commandant de Guibert, de plusieurs compagnies du 94ᵉ de ligne, d'un détachement de gendarmerie et de trois compagnies de francs-tireurs. En tout, 3,000 hommes. Sur ce nombre, 2,500 sont répartis sur différents points, en avant de la forêt, du côté de Bonnières et Mantes, et forment la première partie d'une ligne de défense qui suit les bords de l'Eure. La 2ᵉ compagnie passe la journée dans les gourbis de Blaru-Forêt. Nous apprenons la prise de Metz et restons atterrés.

Le soir, nous couchons dans des bergeries, au haut du village de Blaru.

Ce jour-là, avant l'aube, la 3ᵉ compagnie, sous les ordres du lieutenant Bourrey, quitte son campement du Petit-Val et va s'embusquer dans les bois qui dominent Bonnières. La pluie tombe à torrents et rend la terre glissante. Néanmoins, les deux sections se déploient en tirailleurs ; chacun se met à l'affût dans le plus grand silence, et au bout de deux heures d'attente, une reconnaissance de uhlans apparaît. Les hommes veulent tirer, mais le sous-lieutenant Foucaut et le sergent-major de Galembert les en empêchent. Il faut que la colonne ennemie soit engagée dans la ligne des tireurs. Le feu s'ouvre alors, et les cavaliers, surpris, les uns désarçonnés, les autres blessés ou tués, s'enfuient dans tous les sens. Plusieurs prisonniers et plusieurs chevaux tombent au pouvoir des mobiles.

Reconnaissance de toute la compagnie jusqu'à la Villeneuve. Là nous apprenons que ces parages sont visités sans cesse par des cavaliers prussiens. Le capitaine monte dans le clocher et aperçoit des uhlans se dirigeant vers Chauffour ; il envoie immédiatement le lieutenant, le sergent-major et quelques hommes à travers champs pour surprendre l'ennemi, laissant au reste de la compagnie sous les ordres du sous-lieutenant du Buisson le soin de couper le chemin aux Prussiens. Le petit détachement arrive sous les murs du village au moment où les uhlans en sortent, et échange une fusillade avec eux. Une balle effleure la tête du lieutenant et l'oreille du major. Un hussard et son cheval sont blessés. Rentrée à Blaru ; à quatre heures, nouvelle reconnaissance sur Port-Villez et Notre-Dame-de-la-Mer. Ce jour-là les Prussiens incendient Bréval.

CHAPITRE IV

NOVEMBRE

Notre-Dame-de-la-Mer. — Fréquentes rencontres avec les Prussiens.— La mobile de l'Ardèche.—Départ pour Conches.

1ᵉʳ NOVEMBRE. — On se déploie en tirailleurs entre Blaru et Douains : une bise glaciale se fait sentir durant toute la journée. Impossible de trouver des vivres et il est plus de trois heures quand on peut déjeuner de quelques morceaux de lard quêtés par le Capitaine et le maire dans toutes les maisons de Douains. A sept heures, nous rentrons à la ferme Couvrechef, après avoir fait halte et dîné au château de Brécourt.

3 NOVEMBRE. — Grand mouvement sous les ordres du colonel Mocquard de quatre compagnies de notre bataillon, du 2ᵉ bataillon de l'Eure, de plusieurs compagnies de l'Ardèche et des francs-tireurs sur Mantes qu'on veut surprendre de nuit. Après avoir fouillé une partie de la forêt de Rosny, nous allons coucher aux Guinets, au-dessus de la Villeneuve; quelques compagnies campent en plein bois : la 2ᵉ trouve un gîte dans deux granges.

Notre pointe sur Mantes se trouve manquée; les Prussiens, instruits de notre marche par des paysans, s'étant retirés sur les hauteurs de Magnenville et menaçant de bombarder la ville, nous revenons à

Notre-Dame-de-la-Mer, d'où nous apercevons l'incendie de Limetz, village situé sur la rive droite de la Seine. C'est encore le fait des Prussiens dont quelques soldats avaient été tués par les habitants las de leurs réquisitions. Du haut de nos montagnes nous voyons les maisons en feu, puis la chaîne humaine reliant Limetz à la rivière et les seaux d'eau qui passent de main en main. Bientôt des barques chargées de mobiles sous les ordres du Commandant se détachent de la rive gauche et jettent de l'autre côté de la Seine deux ou trois cents de nos camarades. Il est curieux de les voir se déployer en tirailleurs et s'avancer vers Limetz. Ce mouvement hardi est promptement exécuté, mais les incendiaires avaient eu soin de se replier vers Magny avant l'arrivée des nôtres. On se serait cru un instant transporté à l'époque de l'invasion normande : nos ancêtres remontant la Seine, avaient une station à Port-Villez et un poste à Notre-Dame-de-la-Mer : de là ils dirigeaient leurs expéditions vers la rive droite du fleuve, alors occupée jusqu'à l'Epte par les Français.

5 NOVEMBRE. — Dès l'aube, la 2e compagnie va en reconnaissance dans le bois Guiard, au-dessus de Bonnières. Quelques hommes avec le caporal Bister poursuivent des Prussiens jusque dans Rosny. Le lieutenant conduit dans la soirée des espions au château de Bizy, où est établi notre quartier général.

6 NOVEMBRE. — Nous recevons l'ordre de nous porter à la pointe de Bonnières, superbe panorama s'il y avait quelques degrés de plus de chaleur.

8 NOVEMBRE. — Reconnaissance vers Rosny en passant par Rolleboise. Retour par Bonnières à Notre-Dame-de-la-Mer.

Chaque jour nous gagnons du terrain. Notre ligne de défense, primitivement limitée à la forêt de Bizy, est portée jusqu'auprès de Rolleboise. Tout le territoire situé entre ce village, la Villeneuve, Chauffour et Bizy, se trouve délivré des incursions et réquisitions prussiennes. Notre Capitaine, surnommé *le capitaine Rouge* par les habitants du pays, devient la terreur de l'ennemi et de ses espions.

9 NOVEMBRE. — Nous relions Jeufosse à Chauffour par des sentinelles, de concert avec l'Ardèche.

11 NOVEMBRE. — La 2ᵉ compagnie, commandée par le lieutenant et la 6ᵉ garnissent la pointe de Bonnières. Vers dix heures, trois cents Prussiens entrent dans la ville avec deux pièces de canon et nous lancent des obus qui viennent s'enfoncer dans la montagne, mais au-dessous de nous. Un feu de peloton des francs-tireurs Lortie (éclaireurs de l'Eure), embusqués dans un petit bois en avant de nous, les met en fuite en leur faisant subir des pertes.

Dans cette matinée, grâce à la fermeté de son lieutenant, la bonne contenance de la 2ᵉ compagnie s'affirme de plus en plus. Nous devenons de vieux troupiers solides au feu. Dans la 6ᵉ, le lieutenant d'Auribeau se fait aussi remarquer par son sang-froid et reste impassible sous les obus qui éclatent autour de nous.

Les deux jours suivants les reconnaissances continuent dans la direction de Mantes au delà du tunnel.

Le garde Le Heurteur, surnommé Cadi[1], se casse l'épaule en ramenant des environs de Gisors un cheval pour la voiture que la Compagnie s'est

1. La compagnie se perd en conjectures sur l'origine de ce surnom. Cadi veut dire prêtre en arabe : quelle divinité ce mobile aurait-il donc servi ?

achetée par cotisation. Malgré ce cruel accident, notre mobile échappe, ainsi que sa monture, aux Prussiens et parvient à passer la Seine pour entrer à l'hôpital de Vernon.

14 NOVEMBRE. — Mouvement offensif sur Rolleboise. Il a pour objet la surprise d'une patrouille prussienne qui parcourt quotidiennement ces parages. La 2e compagnie sert d'éclaireurs au bataillon de l'Ardèche, commandé par M. de Guibert. Nous nous dirigeons vers Rosny à travers bois et par des voies détournées. Bientôt nous découvrons la plaine qui nous sépare de Mantes. Une colonne de uhlans s'avance dans notre direction. Elle va passer à quelques mètres au-dessous des hauteurs boisées que nous occupons. Elle sera infailliblement cernée. Les doigts sont sur les gâchettes : on frémit d'impatience. Un mobile de l'Ardèche trop nerveux devance le signal, fait feu, et la colonne s'enfuit en désordre. Une décharge générale ne tue que trois cavaliers et en blesse plusieurs autres. La rage bien légitime du Commandant est à son comble.

Ce jour-là les vivres nous manquent complétement, et nous devons, malgré nos fatigues et notre faim canine, retourner jusqu'à Notre-Dame-de-la-Mer pour trouver à manger.

D'après les renseignements que nous recueillons dans notre reconnaissance, les Prussiens deviennent plus rares à Bonnières. La nécessité des réquisitions seule les y amène. Ils y ont un service d'espionnage consciencieux et rempli par des habitants mêmes de la localité. Ce sont des marques sur les arbres des routes, des instruments aratoires disposés de certaine façon dans les champs, des fusées dans les

bois tirées par des artificiers invisibles, à quelques
pas de nos postes, des coups de fusil isolés, un chien
lâché à l'approche de nos troupes et qui retourne
aux avant-postes de nos ennemis. Les espions revê-
tent toutes les formes : ils sont prêtres, soldats,
mendiants ou marchands. Notre surveillance est
continuelle et doit tenir compte des circonstances
les plus insignifiantes en apparence. Les convois de
vivres sont arrêtés par nous, et Jeufosse même, où
nous nous ravitaillons, a besoin de permissions spé-
ciales pour renouveler ses provisions.

A Mantes, la démoralisation est complète. Les
Bavarois sont décimés par nos combats d'avant-
postes et les surprises quotidiennes dont ils sont
victimes de notre part. Leur dénûment est absolu,
l'accès de notre département leur étant maintenant
interdit. Les munitions leur font défaut. Depuis un
mois un mobile maintenu par le Commandant dans
la place de Mantes lui envoie des rapports journa-
liers. La femme de ce jeune soldat, liée avec la plupart des familles de la ville, fait une propagande
active auprès de ces troupes déjà ébranlées, leur
prêche et fait prêcher la désertion. La prise de
Mantes préparée de la sorte n'est plus douteuse.
Elle est fixée pour la nuit même. Toutes les dispositions sont prises et sont de nature à présager un
succès complet. Au moment où le conseil de guerre
se prépare, arrive au Commandant l'ordre de se rendre à Évreux dans la soirée. Dépêche instante de
celui-ci qui voit ainsi retarder et peut-être même
avorter la grande expédition sur Mantes. Seconde
dépêche plus impérative que la première. Déception
des chefs présents au conseil. Si Cambronne était là,

de quelles malédictions il accablerait le télégraphe !

15 NOVEMBRE. — Nous recevons l'ordre d'aller camper au Petit-Val sur la route de Bonnières à Vernon. Quitter Notre-Dame-de-la-Mer c'était quitter les avant-postes, occupés par la 2e compagnie depuis quinze jours. Notre cantonnement était peu agréable et très-froid à cause de sa hauteur au-dessus de la Seine. Néanmoins nous avons regretté cet excellent observatoire dominant toute la vallée et où commençaient les plateaux qui s'étendent jusqu'à Hécourt, Ivry-la-Bataille et Pacy. Les reconnaissances journalières poussées intelligemment par le sergent-major de Martineng, faisaient souvent murmurer les tièdes de la compagnie, mais nous renseignaient admirablement sur les mouvements de l'ennemi. Tout en étant près de lui, nous sentions la force de nos positions, et nous n'étions pas exposés à ces fausses alertes si fréquentes dans les autres campements.

19 NOVEMBRE. — Inquiétudes à Vernon. Les personnes venues au marché se sauvent dans toutes les directions. La 2e compagnie se porte en éclaireurs vers Notre-Dame-de-la-Mer et apprend au haut de la côte que les Prussiens signalés ne sont que des corneilles ou des moutons. Nous rentrons au Petit-Val. Tandis que nous sommes à ce campement, on annonce à notre état-major qu'une colonne de 20,000 hommes doit attaquer le lendemain nos positions. Le quartier général est transporté à Blaru. Conseil de nuit. Les ordres portent une première ligne de bataille de Jeufosse à la Villeneuve, et une seconde sur la lisière Sud-Est de la forêt de Bizy où notre batterie est disposée sur les hauteurs de Nor-

mandie et de Blaru. Mais bientôt de nouveaux
ordres nous enlèvent nos positions pour nous porter
sur Bizy. Là nous apprenons qu'Évreux est bom
bardé et que les Prussiens sont maîtres de nos derrières par suite de la victoire de Dreux. On nous
appelle à la défense de la seconde ligne qui s'étend
de Verneuil à Pont-Audemer par Conches, Serquigny
et Brionne. Adieu donc nos admirables positions de
Notre-Dame-de-la-Mer, de Jeufosse, de Blaru, de
Bizy, que jamais les Prussiens n'eussent franchies,
alors que nous les occupions! Nous emportons
cependant avec nous les malédictions de ceux que
nous avions préservés pendant deux mois.

20 NOVEMBRE. — Nous recevons l'ordre à cinq
heures du matin de nous rendre à pied à Gaillon.
Là, enfin, nous voyons pour la première fois un de
nos généraux. Peu habitués à ses galons, les mobiles
le prennent pour un chef de gare. On nous em-
barque pour Conches : nous passons par Elbeuf,
Serquigny, Beaumont-le-Roger, et arrivons le soir
à notre destination.

21 NOVEMBRE. — Échoués à Conches, les trois
bataillons de l'Eure, formant le 39e régiment d'infanterie mobile, sont réunis pour la première fois.
Leurs chefs n'ont reçu aucun ordre : on ignore
où est l'ennemi, quelles lignes doivent être gardées.
On dit qu'un dixième général a succédé aux neuf
précédents! Impossible de savoir ni qui il est ni où
il réside. On dépêche sur une locomotive blindée le
capitaine de Saint-Foix à Serquigny à la découverte
du nouveau ou des nouveaux commandants du
département de l'Eure. Évreux bombardé est-il
encore le quartier général? Les Prussiens y sont-ils?

Telles sont les questions que civils et militaires échangent de toutes parts.

Le plus ancien des trois chefs de bataillon, M. Ferrus, prend le commandement supérieur en attendant l'arrivée du colonel d'Arjuzon. C'est sur ces entrefaites, au milieu de ces incertitudes, avant même que le service des grand'gardes ne soit organisé, qu'un paysan effaré accourt au galop de son cheval, annonçant qu'une colonne de cinq cents cavaliers prussiens est à 2 kilomètres de la ville.

Notre bataillon est envoyé sur la route de Breteuil par laquelle l'ennemi était signalé, à la hauteur de Valeuil, et le maréchal-des-logis de gendarmerie Belleville, parti seul en éclaireur, rencontre l'avant-garde et fait feu. Il vient prévenir le Commandant de la présence de plusieurs escadrons derrière les maisons. Nous prenons rapidement les positions qui nous sont assignées. Des lignes de tirailleurs s'allongent dans les bois et doivent fermer l'accès de la ville à droite. Bientôt les escadrons prussiens s'enfuient devant les 3e et 4e compagnies qui se démasquent dans la plaine, mais ils sont pris en écharpe par le feu de notre avant-garde qui les a devancés sur la lisière extérieure de la forêt. Le sergent-major Rager a exécuté à point nommé ce mouvement important qui coûte aux Prussiens des pertes sérieuses. Nos tirailleurs s'avancent à la suite des escadrons débandés, fouillent tous les bois sur leur passage, et le bataillon ne rentre à Conches que le soir, après s'être assuré qu'aucune force nouvelle ne menace nos positions. Les grand'gardes sont immédiatement installées, et la 8e compagnie, par une erreur de nom, prenant la ferme du Chêne pour celle du Frêne, passe la nuit côte à côte avec nos cavaliers de la journée, sans qu'aucun d'eux se doute du voisinage qu'il s'est donné.

C'est une bonne journée qui préserve Conches du sort qu'Évreux venait de subir. Quelques francs-tireurs, prenant sous bois des gendarmes pour des uhlans, les fusillent sans résultat regrettable. Des bestiaux, des charrettes, et même des meubles relégués en toute hâte dans les bois, pour être soustraits aux Prussiens, causent de fréquentes méprises. Mais aucun des nôtres n'est atteint.

Un enfant de quatorze ans est trouvé mort dans un champ. Le coup de lance qui le traverse est entré profondément dans la terre gelée. Une bouteille vide gît à ses côtés. La plaie est énorme. On sent que le drapeau blanc et noir du uhlan est entré après le fer et avec la hampe. Pourquoi?.....

Cependant les Prussiens, fort surpris sans doute de nous voir abandonner nos belles positions de la forêt de Bizy, font leur entrée dans Vernon le lendemain même du jour de notre départ. Mais un convoi de nuit jette à l'improviste sur leurs derrières deux bataillons de l'Ardèche qui les taillent en pièces et leur enlèvent un important convoi de vivres. Ceux-là seuls échappent à cette embuscade qui trouvent comme partout un traître pour les guider par un chemin écarté de la forêt. Nous applaudissons, non sans un sentiment de légitime envie, au succès et au bonheur de nos compagnons d'armes dont nous avons pu apprécier le courage et le caractère dans la campagne d'un mois qui vient de s'écouler.

22 NOVEMBRE. — Même incertitude et même confusion d'ordres. On ne sait qui remplace le général de Kersalaun, appelé à Tours. Arrivée d'un bataillon du 41e de ligne qui campe dans l'église.

23 NOVEMBRE. — Quelques uhlans sont tués par nos éclaireurs et leurs chevaux ramenés en triomphe dans la ville. La population veut mettre en pièces un prisonnier fait par la compagnie du capitaine de la Brière.

24 NOVEMBRE. — La 2e compagnie est envoyée en grand'garde à Valeuil. Arrestation d'un habitant qui dit préférer les Prussiens aux mobiles. Altercation entre un caporal et un clairon. — Jugement.

25 NOVEMBRE. — Retour à Conches. Un bataillon de mobiles bretons campe dans l'église. Ils font cuire des harengs sur le gril de saint Laurent et remplacent la bêche de saint Fiacre par un chassepot. Pourvu qu'ils ne tirent pas dans les vieux vitraux si bien conservés et si admirés des connaisseurs !

26 NOVEMBRE. — Le colonel d'Arjuzon reprend alors le commandement de notre corps : il se plaint de ne pas voir souvent la 2e compagnie ; le Capitaine répond qu'il a consigné ses hommes dans l'intérieur d'une ferme isolée, l'état délabré de leurs culottes étant contraire à la décence publique.

27 NOVEMBRE. — Messe militaire sur la place. L'autel est adossé à un calvaire environné de sapins tout couverts de givre.

La cérémonie eût été digne du pinceau d'Horace Vernet et aurait pu servir de pendant à la messe en Kabylie. Quel contraste entre cette toile éclairée du soleil africain et la brume de nos vieilles forêts druidiques !

CHAPITRE V

DÉCEMBRE

Affaire d'Étrépagny. — Départ de Conches pour Bernay. — Troubles dans cette ville. — Combat de Serquigny. — Séjour à Rôtes. — Marche en avant sur le Bourgtheroulde. — Escarmouches quotidiennes.

1er DÉCEMBRE. — Fausses bonnes nouvelles de Paris. Reconnaissance au delà de Nogent-le-Sec. En rentrant, nous trouvons enfin des effets d'habillement et de campement, dont nous avions tant besoin, et que nous devons à l'activité infatigable du capitaine Méry. Quand on pense qu'il a fallu aller à Tours voir Gambetta et Pipe-en-Bois pour arracher d'eux l'ordre qui devait nous donner des capotes et des souliers ! Nous pouvons au moins dissimuler nos misères sous le long et classique paletot des lignards. Le bataillon aurait un aspect tout à fait militaire si les boutons n'avaient fait défaut : chacun s'ingénie comme il peut pour clore son habit. Depuis la ficelle jusqu'au riche bouton en nacre, tout nous semble bon, et peu importe la devise, qu'elle soit républicaine ou monarchique. Et, d'ailleurs, un bouton reflèterait-il nos opinions? Si nous avions eu à choisir, il est probable que l'inscription la plus en vogue eût été celle de : Rallie-Vexin.

3 DÉCEMBRE. — Nous allons en grand'garde à

Gaudreville-la-Rivière, séjour froid et marécageux.

4 DÉCEMBRE. — Retour à Conches. Arrivée des mobilisés de Fécamp avec des fusils à piston et des cartouches pour fusils Sniders. Cette confusion et l'impuissance où ils sont de combattre les rend furieux à juste titre.

Nous recevons d'Étrépagny les intéressantes mais bien tristes nouvelles qui suivent :

« Notre malheureuse petite ville d'Étrépagny vient de passer par une des plus cruelles calamités de la guerre, car après avoir été, dans la nuit du 30 novembre, le théâtre d'un combat, elle a été quelques heures après saccagée et incendiée par un ennemi impitoyable, furieux de s'être laissé surprendre et faisant tomber sur une population inoffensive et désarmée la responsabilité d'un fait de guerre accompli par une armée régulière et auquel les habitants, surpris eux-mêmes de la subite arrivée de nos troupes, n'ont pris aucune part.

Rien ne nous faisait pressentir, la veille, la marche en avant du général Briand, dont le corps, réuni dans la vallée d'Andelle, nous avait fait concevoir, depuis quelque temps, de si grandes espérances.

Dans la journée du 29, une colonne de 600 hommes, détachée du corps de 3,000 Saxons, installé depuis le 25 à Gisors, en remplacement des troupes prussiennes qui l'occupaient précédemment, était arrivée à Étrépagny, d'où elle avait dirigé une reconnaissance sur Farceaux et Écouis, sans avoir rencontré nos éclaireurs. Nous supposions donc que, sur l'annonce de la marche du général Manteuffel sur Amiens, le général Briand avait concentré toutes ses ressources vers Rouen, et lorsque nous vîmes revenir le soir les troupes saxonnes pour prendre logement à Étrépagny, demander brutalement les livraisons de vivres, commander leur déjeuner pour quatre heures du matin et se livrer envers le président et les membres de la Commission municipale à des actes déplorables, nous pensâmes que, plus que jamais, nous étions en puissance de l'ennemi. Et quels ennemis! Les nouveaux arrivants, ces Saxons, dont Étrépagny conservera toujours un si cruel souvenir, étaient loin d'avoir la sévère discipline et le même esprit militaire que le corps prussien qu'ils avaient remplacé.

C'est surtout dans leurs dispositions de logement et dans l'absence de précautions que l'on pouvait constater cette infériorité qui devait, quelques heures après, recevoir une dure confirmation.

Pendant que ces six cents hommes, logés chez les habitants, s'abandonnaient à des exigences et à des excès indignes d'une armée régulière, le général Briand formait les trois colonnes qui, de Fleury, devaient marcher sur Gisors. Ce projet qui, quinze jours auparavant, aurait constitué une sérieuse et brillante opération militaire, manquait d'opportunité du moment que les Prussiens, maîtres de Beauvais, allaient marcher d'Amiens sur Rouen.

Telle était l'opinion des hommes compétents qui, dans le principe, avaient donné le plan de cette expédition et à laquelle ils refusèrent de prendre part, lorsqu'ils surent que cette pointe en avant serait immédiatement suivie d'une retraite qui laisserait le pays exposé à toutes les vengeances de l'ennemi.

Mais le Comité de défense, siégeant à Rouen, en avait décidé autrement, et le général Briand n'osa pas résister à sa déplorable ingérance dans les opérations militaires. Il voulut, de plus, sortir de l'inaction qui était reprochée, non sans raison, aux généraux commandant, depuis le début de l'invasion, les troupes réunies en Normandie. L'expédition sur Gisors fut donc résolue.

Elle s'effectua sur trois colonnes : celle de droite, formée de mobiles, se dirigea d'Écouis par les Thilliers. Mais, reconnue à la hauteur de Richeville par une patrouille de cavalerie saxonne, elle fut reçue par une vive fusillade de la part du détachement ennemi qu'elle espérait surprendre. Le désordre se mit dans ses rangs, et elle dut se replier sans avoir pu dépasser les Thilliers. La colonne de gauche, formée des francs-tireurs Mocquart, partit des environs de Longchamps où elle était réunie depuis assez longtemps. Elle s'empara successivement de tous les postes saxons établis à Saint-Denis-le-Ferment et au pont de Bazincourt, tourna Gisors, et parvint enfin à Trye-Château vers quatre heures du matin, d'où elle tira les trois coups de canon convenus avec le général Briand. Ce dernier, à la tête de la colonne du centre, plus nombreuse que les précédentes, mais composée d'éléments aussi divers que des mobiles et des bataillons de marche, sans cohésion entre eux, se dirigea par le Thil sur Étrépagny, où il ne soupçonnait pas la présence de l'ennemi qu'il pensait ne devoir rencontrer qu'à Bézu-Saint-Éloi. A une heure du matin, il arrivait à la hauteur de la Briqueterie, située à un kilomètre en avant de la ville, sans avoir rencontré une seule vedette saxonne. Ce fut là seulement que les grand'gardes ennemies échangèrent quelques coups de feu avec notre avant-garde et se précipitèrent vers Étrépagny pour annoncer l'approche de nos troupes.

Malheureusement alors il se produisit dans notre colonne, surprise elle-même de la présence de l'ennemi à Étrépagny, un de ces mouvements d'hésitation trop fréquents dans des troupes se trouvant pour la première fois au feu sans chefs expérimentés et en nombre insuffisant. Mais l'énergie et l'élan de quelques hommes de cœur, parmi lesquels nous citerons le commandant Roussel, M. Couturier, volontaire, guide de la colonne, et M. Gicquel, officier d'ordonnance du général, eurent bientôt raison de cet instant de faiblesse, et la colonne, son général en tête, entra vivement dans la ville par la Grand'Rue, engageant la fusillade avec toutes les fenêtres et toutes les portes qui s'éclairaient. Arrivée en face du pensionnat de Mlle May, où cinquante fantassins saxons étaient logés, elle s'empara de leurs armes formées en faisceaux devant la porte, pendant que la plupart des soldats se sauvaient par les jardins de derrière et que leurs officiers se défendaient avec leurs revolvers par les fenêtres.

Mais ce fut aux abords de la mairie que l'engagement fut le plus sérieux. Des combats partiels eurent lieu dans les maisons et les fermes bordant le côté nord de la Grand'Rue. Notre cavalerie, qui ne se composait malheureusement que d'un détachement du 12e chasseurs, dut charger sur les troupes saxonnes, fantassins et cavaliers, qui s'enfuirent devant elle pendant que d'autres, à peine vêtus, à pied ou à cheval, s'échappaient vers Saint-Martin en sautant par dessus des barrières et des murs de clôture où l'on voit encore la trace de leur passage. Quelques-uns essayèrent d'ouvrir la grille et de se réfugier dans le parc de Saint-Martin.

La fusillade continua assez longtemps encore dans la ville, dont plusieurs maisons furent criblées de balles, mais dont aucun habitant ne fut atteint. Quant aux deux cents Saxons logés dans le château appartenant à M. A. de Vatimesnil, ils purent se sauver presque sans coup férir à travers le parc, et, de là gagner Gisors.

L'ennemi était chassé d'Étrépagny, n'ayant pu emmener qu'une de ses deux pièces d'artillerie, après avoir été forcé de briser le brancard de son caisson et l'avoir jeté dans la rivière auprès d'un pont.

Il était trois heures du matin. Nos troupes se massèrent alors près du cimetière. Quels furent alors les motifs qui, modifiant complétement le plan du général Briand, arrêtèrent sa marche sur Gisors? Bien des versions ont circulé sur cette subite détermination que l'avenir éclaircira sans doute, mais à laquelle il faut attribuer le désastre qui, peu d'heures après, vint frapper Étrépagny.

Nos troupes se reposèrent quelques instants, puis reçurent l'ordre de rétrograder et se retirèrent sur Écouis, laissant aux ambulances de la colonne et à celle d'Étrépagny le soin d'enlever les morts et les blessés, dont ceux qui étaient encore transportables furent emmenés à Écouis.

Parmi ces derniers se trouvait le colonel saxon Keller, qui fut recueilli par un employé du dressage dans un champ près de la Broche. Son cheval mort gisait à côté de lui.

Au jour, l'aspect de la ville était navrant. La Grand'Rue présentait les traces douloureuses du combat de la nuit. Des flaques de sang, des chevaux morts, les devants des magasins criblés de balles, quelques rares habitants sortant peu à peu de leurs demeures pour aider à transporter les blessés et les morts à l'ambulance de la ville établie à Marigny. Les trente-cinq lits de cet établissement furent bientôt occupés par les blessés français et saxons et furent soignés avec une égale sollicitude par MM. les docteurs Bariod et Guerbe, par les sœurs de la Providence et par quelques hommes et femmes dévoués. Les morts, au nombre de vingt-trois, dont seize Saxons, furent recueillis dans une grange voisine de l'ambulance. Parmi eux se trouvaient le caporal Labbé, de Rouen, et un jeune mobile de la Loire-Inférieure, nommé Desrouins, atteint d'une balle au cœur qui avait traversé son livret.

Un capitaine du 41e de ligne, M. Chrysostôme, vieux et brave militaire, qui avait repris du service pour la durée de la guerre, fut blessé mortellement d'une balle dans les reins et dut rester dans la maison de Mlle David où il avait été recueilli pendant le combat. Il a succombé le lendemain matin à l'ambulance.

Nous arrivons enfin à la partie la plus douloureuse du récit, à l'incendie de notre malheureuse ville.

Nos troupes s'étaient repliées sur Écouis, et il était à présumer que l'ennemi ne tarderait pas à revenir sur une ville laissée sans défense, et que, pour se venger de sa défaite de la nuit précédente, il accusait d'avoir été complice de la surprise dont il n'avait pas su se garantir. Vers une heure, en effet, les éclaireurs de la cavalerie saxonne arrivaient à l'entrée de la ville. Ils en fermaient successivement toutes les issues, et un corps d'infanterie, muni de matières inflammables, pénétrait dans la Grand'Rue pour procéder à cette œuvre de vengeance froidement calculée et dans l'accomplissement de laquelle la discipline allemande reparut accompagnée d'actes de cruauté et de sauvage ironie. Les soldats qui brûlèrent la maison de M. Raffy ouvrirent le piano qui s'y trouvait et firent de la musique jusqu'à ce que le feu les forçât de sortir.

Grâce au pétrole, grâce à ce terrible moyen incendiaire dont les Germains, dans leur barbarie, ont déjà fait un usage si fréquent et si odieux dans leur campagne en France, de nombreuses colonnes de fumée s'élevèrent bientôt de plusieurs points de la ville, les flammes ne tardèrent pas à se faire jour, et moins d'une demi-heure après l'arrivée de cette bande de démons, l'incendie s'étendait sur toute la ligne nord de la Grand'Rue où se trouvent les principales habitations et les six fermes dans lesquelles les Saxons avaient pris logement la veille. Le feu était mis dans l'intérieur des maisons, sous les meubles, sous les matelas et dans la paille amoncelée dans une seule pièce. Dans d'autres demeures s'accomplissaient des scènes de pillage et de dévastation, des actes de cruauté sur les malheureux habitants dont plusieurs s'étaient réfugiés dans les caves. M. Florentin, ancien maire, fut frappé d'un coup de sabre à la tête, et M. Liénard fut roué de coups. Des otages emmenés au dehors d'Étrépagny furent forcés à la hauteur du cimetière de se mettre à genoux sous les fusils braqués sur eux et de regarder brûler leur malheureuse ville.

L'ennemi exerçait, disait-il, ces représailles parce que les habitants avaient caché la veille des francs-tireurs dans les caves et dans le clocher. A trois heures, l'incendie s'étendait d'un bout à l'autre de la ville, et les *braves* troupes saxonnes, comptant sur un vent assez fort qui devait propager le désastre, se retirèrent sur Gisors avec leurs otages et après avoir enlevé de l'ambulance leurs morts et leurs blessés de la nuit précédente, dont quelques-uns, dit-on, expirèrent durant le trajet.

Rien ne peut donner une idée de l'aspect d'Étrépagny au moment où des localités environnantes il nous fut possible d'y accourir ; les femmes se hâtaient de sortir de leurs demeures les objets les plus nécessaires qu'elles déposaient sur la place et du côté sud de la rue où l'incendie n'avait pas été mis, mais où le vent portait les flammèches sur lesquelles l'ennemi avait compté pour que l'embrasement devînt général. Les hommes essayèrent de sauver les mobiliers en combattant le feu au moyen des pompes de la commune que, dans leur prévision infernale, les Saxons avaient mis hors de service.

La circulation était impossible depuis la mairie jusqu'à la hauteur de la route de Doudeauville, tant la fumée était intense. Ceux dont les habitations ne présentaient plus aucun espoir d'être sauvées se dirigeaient avec quelques rares effets vers les localités environnantes. Le hameau de Saint-Martin reçut à lui seul près de cent personnes.

Mais Dieu prit en pitié la malheureuse ville d'Étrépagny, le vent cessa peu à peu, l'incendie se concentra sur lui-même, et au jour on put espérer que

le désastre ne serait pas aussi complet que l'avaient
espéré nos ennemis.

Cinquante-quatre maisons, les fermes avec leurs
montures, leurs récoltes et une partie de leurs bestiaux, ne présentaient plus que des ruines fumantes,
et la vengeance des Saxons était encore si loin
d'être satisfaite, que quelques jours après ils menaçaient de reprendre leur œuvre de destruction.

Le château de M. Albert de Vatimesnil n'a pas
été non plus épargné, et s'il n'a pas été incendié,
c'est grâce à la solidité de ses vieux murs. Mais
l'intérieur, qui venait d'être délicieusement restauré
dans le style du château de Blois, a été odieusement
saccagé et pillé.

Bien des détails manquent encore sur cet acte de
vandalisme qui sera la honte de l'armée saxonne,
notre ancienne alliée sur tous les champs de bataille.
Nous espérions trouver en elle cette sympathie que la
France ne lui a jamais refusée, même lorsqu'elle n'a
pu venir à son aide, et en place de laquelle elle n'a
rencontré que mauvaise foi, pillage et incendie.
Mais la justice commence déjà pour elle, et la satis-
faction des troupes prussiennes, en apprenant la défaite de leurs alliés de Saxe à Étrépagny, où *comme
toujours ils n'ont pas su se garder* (textuel), est un
présage certain du cas qu'ils feront désormais du
contingent saxon dans la composition de l'armée
fédérale allemande. »

———

7 DÉCEMBRE. — Alerte au moment, bien entendu,
où l'on mange la soupe. Stupeur des habitants qui
nous voient défiler au pas gymnastique pour nous

porter au devant des Prussiens. Mauvaises nouvelles de l'armée de la Loire. Évreux est abandonné par ses autorités.

8 DÉCEMBRE. — Départ de Conches pour Lisieux où nous recevons un excellent accueil.

9 DÉCEMBRE. — On nous fait retourner par le chemin de fer à Bernay. Pourquoi toutes ces marches et contre-marches? Le train roule comme une tortue. Les francs-tireurs et les mobiles déchargent leurs fusils sur tout ce qui se présente. Généreux accueil des habitants de Bernay. On demande des billets de logement à la municipalité qui répond : Vous n'en avez pas besoin. Avant que vous ne soyez redescendus sur la place, vos hommes vont être enlevés par les habitants, et avant une demi-heure il n'y aura pas un soldat qui n'ait trouvé le gîte et la table.

Cette promesse se réalise en effet.

10 DÉCEMBRE. — La 2e Compagnie va à Plasne pour défendre la route de Brionne à Lisieux. Froid intense et détestable campement dans des granges ouvertes à tous les vents. Impossible de remettre le lendemain matin ses souliers racornis par la neige et la glace. Nous retournons donc les pieds en pantoufles à Bernay.

12 DÉCEMBRE. — Agitation dans Bernay. Un conseil de guerre tenu à l'Hôtel-de-Ville est troublé par une multitude en armes qui envahit la place. Elle impute les mouvements de retraite au capitaine de vaisseau de Guillermy, chargé de notre commandement supérieur. Cet intrépide marin, dont la conduite a été si brillante au Mexique, en est bien innocent, puisqu'il n'est arrivé que de la veille. Le Commandant Guillaume, descendu sur la place, est

accueilli par des huées. Le lieutenant Vinot de Préfontaine et le sergent-major de Martineng, qui le
voient sérieusement menacé, fendent la foule et viennent se placer à ses côtés prêts à le protéger au besoin. Le Commandant parvient à faire entendre raison à ces gens égarés qui, passant d'un extrême à
l'autre, lui crient : « Menez-nous en avant et soyez
notre général. »

Le conseil de guerre est repris et les mesures
adoptées semblent satisfaire la multitude qui se
disperse.

La 2ᵉ compagnie part pour Rôtes, village célèbre
par son eau-de-vie de cidre et par l'hospitalité du
cultivateur chez lequel nous sommes campés. Qui ne
se rappellera du père Calvados ?

Ce jour-là, le capitaine de Boisgelin, envoyé de
Bernay à Beaumont-le-Roger avec la compagnie des
francs-tireurs Thionnet pour prendre des renseignements exacts sur les forces prussiennes occupant
cette localité, arrive sur les côtes boisées qui dominent Beaumont et aperçoit environ 1,000 fantassins,
600 dragons et une batterie d'artillerie redescendant
en ville et venant de surveiller une escarmouche
assez sérieuse qui avait eu lieu en avant de Serquigny.

Après avoir examiné les postes prussiens qui gar-
daient Beaumont, et sur des renseignements sûrs,
M. de Boisgelin propose au capitaine Thionnet d'enlever le poste dit de *la Justice*, situé au bord de la
forêt, puis celui de la gare, et d'inquiéter ensuite
l'ennemi dans Beaumont. Le capitaine Thionnet y
consent et donne au comte de Boisgelin, qui se trouve
sur son terrain et le connaît parfaitement, le com-

mandement de ses 42 francs-tireurs. Cette poignée d'hommes s'empare d'abord du poste de la Justice. Presque tous les Prussiens qui le gardent sont frappés à mort; un d'entre eux tombe tué raide par une balle que lui envoie le capitaine de Boisgelin, un autre est fait prisonnier. Puis la petite troupe se porte rapidement de là sur la gare. Les 18 hommes qui l'occupent prennent aussitôt la fuite. Durant ce temps tout le monde court aux armes dans Beaumont. Les Prussiens se déploient en tirailleurs; placés par M. de Boisgelin sur un terrain élevé et derrière des buttes, les francs-tireurs font un feu nourri et conservent l'avantage. L'ennemi est obligé de marcher sur eux en colonne. Pendant trois quarts d'heure ces 42 hommes défendent leurs positions devant des forces considérables, dirigés par un colonel, et regagnent la forêt sans subir aucune perte. Cette affaire coûte aux Prussiens 6 tués, 24 blessés et 1 prisonnier.

La 4ᵉ compagnie, qui compte dans ses rangs de solides gaillards, regrette de ne pas prendre part à ce hardi coup de main médité et exécuté par son capitaine, mais les ordres sont stricts, et malgré ses instances le capitaine de Boisgelin ne peut obtenir que sa compagnie le suive. Le rôle d'éclaireur, si attrayant par l'imprévu et par ses dangers, est exclusivement dévolu aux francs-tireurs, et parmi ces derniers le capitaine Thionnet et son lieutenant sont des types remarquables par leur sang-froid, leur courage et leur austérité.

13 DÉCEMBRE. — Nos forces sont échelonnées sur la rive gauche de la Risle, depuis Bernay jusqu'à Pont-Audemer. En face de nous, les Prussiens sont

cantonnés à Beaumont-le-Roger, à Goupillères, Nassandre, Brionne et dans la plaine du Neubourg. Nous voyons au loin leurs évolutions sur le versant opposé de la vallée. Le garde Lefèvre, envoyé en éclaireur sous un déguisement, pénètre dans les localités qu'ils occupent et nous rapporte de précieuses indications. Leur artillerie commande nos positions. Nous n'avons pas un canon. On sait seulement qu'il y en a beaucoup à Cherbourg, dans les marais de Carentan et autres lieux qui vraisemblablement n'auront pas l'honneur d'être visités par les Prussiens.

O délégation de Bordeaux! que n'es-tu là pour entendre toutes nos malédictions?

A une heure de l'après-midi, nous entendons dans la vallée une explosion suivie d'une fusillade. Le Commandant se porte vers Serquigny avec notre compagnie, que le bruit de la mousqueterie électrise. Ce sont les 1re et 5e qui ont surpris des soldats prussiens du génie occupés à faire sauter les ouvrages du chemin de fer. Grande chasse à l'homme dans ces prairies coupées de canaux et de fossés. Le sergent Deshaies, de la compagnie d'Écos, fait preuve d'adresse et de courage. Nos ennemis se sauvent, se cachent et se sauvent encore, laissant toutefois entre nos mains neuf prisonniers et trois blessés, dont un ramené par notre capitaine. Plusieurs morts gisent çà et là. Les blessés sont lardés de coups de baïonnette qui témoignent d'un grand acharnement de la part de quelques-uns de nos hommes. Le Commandant examine attentivement le sabre de ces soldats du génie dont le dos de la lame est disposé en scie. On envoie à Bernay blessés et prisonniers. Parmi ces derniers se trouve un sergent qui, bien qu'armé, porte le brassard de l'ambulance. Il a été depuis fusillé.

Nous retournons coucher à Rôtes.

14 DÉCEMBRE. — Séjour à Rôtes. Notre hôte nous annonce qu'une « alerte en blouse » vient d'arriver chez le maire. C'est une simple dépêche apportée par un cavalier au Commandant.

15 DÉCEMBRE. — Après bien des démarches, bien des péripéties dans son voyage, le capitaine Méry, accompagné du sous-lieutenant Du Buisson, nous rapporte du Havre de jolies carabines anglaises, système Sniders, ornées de sabres-baïonnettes. Il serait difficile de peindre la joie de la compagnie et la curiosité avec laquelle chacun examine la nouvelle arme qui remplacera désormais la vieille et lourde tabatière.

16 DÉCEMBRE. — Nous partons à onze heures pour Goupillères, au-dessus de Serquigny. A peine y sommes-nous arrivés qu'on nous fait rebrousser chemin. Nous revenons à Serquigny à la nuit tombante. Attente de deux heures dans la gare. Les dépêches se succèdent pendant la soirée et pendant toute la nuit. Il y a de grands mouvements de troupes chez nos ennemis. L'incertitude résulte, paraît-il, de la contradiction des rapports d'espions. Le fait est qu'une colonne de 15,000 Prussiens s'avance avec une forte artillerie sur un point de notre ligne, très-amincie par l'étendue qu'elle occupe. Le 1er bataillon passe la nuit l'arme au pied sur le versant de la vallée ou dans Serquigny dont la gare est gardée par une quarantaine de marins.

17 DÉCEMBRE. — Dès l'aube du 17, un officier de mobile, dont le cheval est couvert de sueur, entre

dans la cour de la ferme où nous campons, au hameau de la Mare, et remet au Commandant qui
arrive l'ordre de se replier sur Thiberville. Celui-ci
répond qu'il n'a d'ordre à recevoir que de son colonel ou de son général, et qu'il gardera sa position. Il
dépêche un gendarme sur Bernay. Toute la ligne
de défense dont nous sommes l'extrême droite re-
cule, à ce qu'il paraît, sur Thiberville. Dans la traverse de la Mare au Molan, deux coups de feu sont
tirés de ce hameau sur le bataillon et le Commandant. La balle passe bien près de lui et de nous.
Belle évolution de la 8e compagnie, Capitaine Duvivier, rangée immédiatement en bataille. Silhouette
très-fière de Martineng dans son ample capote, sous
son sac trop volumineux et se disposant à riposter.
Ordre est donné de reconnaître nos agresseurs avant
d'entamer le feu. Ce sont les francs-tireurs de Rugles
qui ont cru, disent-ils, avoir affaire à une colonne
prussienne.

L'exprès revient du quartier général porteur d'une
dépêche qui nous envoie sur la route de Thiberville.
Tristesse noire sur toutes les physionomies. Chemin
faisant, un voyageur nous raconte les déplorables
événements qui se passent à Bernay.

Le Commandant en chef, M. de Guillermy, apprenant la retraite peut-être anticipée de l'aile gauche,
va monter à cheval pour arrêter ce mouvement ou
en reconnaître l'opportunité. A la porte de la sous-
préfecture, un flot de peuple et de gardes nationaux
en armes l'entoure et lui reproche cette retraite dont
le bruit s'est répandu dans la ville avant même de
parvenir au quartier général. Malgré l'attitude ferme
du Commandant, malgré les explications simples et

dignes qu'il fournit aux émeutiers, il est hué et frappé de plusieurs coups de crosse. Son chef d'état-major, M. Power, qui veut l'abriter de son corps est aussi maltraité que lui, et ils vont être assommés tous deux lorsqu'un inconnu, glissant le canon de son fusil entre ses agresseurs les plus acharnés, frappe d'une balle M. de Guillermy, qui s'affaisse. On le pousse plutôt qu'on ne le porte jusqu'à la sous-préfecture qui se referme aux cris de : Achevez-le! achevez-le!

Ces nouvelles portent l'exaspération à son comble. Les hommes n'aspirent plus qu'à taper et à tirer.

Mais la pluie tombe par torrents; nous marchons toujours sans savoir où nous allons ni pourquoi nous allons. Une fusillade continuelle et lointaine retentit dans la direction de Pont-Audemer. Des mobiles, des francs-tireurs, des mobilisés suivent le même chemin que nous, les uns dans un sens, les autres à l'opposé. Il en débouche par toutes les routes. Les ordres, datant de toute heure du jour, venant de Bernay ou de Thiberville, voltigent à nos côtés sous forme de gendarmes, de chasseurs, de marins, de piétons essoufflés. Ils nous croisent, nous poursuivent, nous devancent, nous attendent ou nous cherchent. La pluie torrentielle devient diluvienne. Pendant trois lieues, les paysans nous disent qu'il n'y a plus que *trois petits quarts*. Enfin, nous apercevons Thiberville, qui décidément est notre objectif, lorsque deux gendarmes, apostés au bout d'un grand mur, nous annoncent que Thiberville est comble, qu'il n'y a plus un hangar ni un fournil pour abriter un soldat; que, d'ailleurs, l'ordre général est de retourner chacun à son poste et de réoccuper les positions abandonnées le matin. Pour ceux qui les avaient quittées volontairement, passe ; mais pour nous qui ne les avions laissées qu'à regret les derniers, et après nous être fait répéter deux fois l'injonction de le faire, c'était raide. C'est ainsi que la compagnie qualifia cette mesure, et le Commandant ne différa pas de cette opinion, car il nous fit passer outre. Nous arrivons donc en ville pour nous entendre donner l'ordre d'aller camper dans les villages environnants et d'être sur la place le lendemain, à six heures du matin, pour retourner lestement dans les parages de Serquigny. Quelques mobiles de la compagnie couchent dans le clocher pêle-mêle avec les catafalques, les corneilles et les insignes de la charité. L'un d'eux s'enveloppe du drap mortuaire. On n'a plus de préjugés quand on grelotte.

Cette nuit-là, tout notre corps d'armée est gelé, a faim, est sans asile et sans abri, et exhale sa mauvaise humeur en coups de fusil dans l'espace. L'Ardèche nous dit de tirer dans la direction de Bordeaux.

18 DÉCEMBRE. — Que de peines, que de souliers perdus pour rien ! Nous retournons à Rôtes, laissant derrière nous un bon quart de la colonne les pieds nus et blessés.

Le Commandant Power est heureusement sorti de l'échauffourée de la veille sain et sauf. Chef d'état-major, il rallie les troupes, en appelle de la vallée de la Risle et accentue le mouvement en transportant notre bataillon en grand'garde sur Goupilières et ses environs, c'est-à-dire sur le plateau même occupé par les lignes prussiennes.

19 décembre. — Nous repartons pour Goupillères dans la soirée. On refuse de nous y recevoir, et nous ne trouvons de logement qu'en escaladant les murs d'une ferme. Dans ces parages déjà fréquentés par les Prussiens, il est bien difficile de se nourrir.

21 décembre. — Reconnaissance au Neubourg, sur l'avis que cent cinquante Prussiens y sont pour faire des réquisitions. La mobile de la Loire-Inférieure leur tue cinq ou six hommes et n'a qu'un blessé. Le Commandant donne l'ordre de répandre le bruit dans la ville que nous sommes l'avant-garde d'une portion de l'armée de Chanzy, forte de 20,000 hommes et pourvue d'une belle artillerie.

24 décembre. — Départ de Goupillères pour le champ de bataille. Les mobiles réveillent le curé d'Épégard pour qu'il leur dise la messe de minuit. Nous recevons un accueil excellent des habitants et nous voudrions bien rester dans ce cantonnement.

25 décembre. — Nous quittons bien à regret Épégard pour nous rendre à Berville en passant par le Gros-Theil. La 2e et la 3e compagnies campent au Thuit. Notre ravitaillement devient de plus en plus difficile, et nous devons avoir recours aux bergers [1] pour nous confectionner du pain durant la nuit. Il fait si froid que plusieurs sentinelles ont les pieds gelés et doivent entrer à l'hôpital. On nous apprend que le général Roy a pris notre commandement en chef.

27 décembre. — Les Prussiens, barricadés dans le Bourgtheroulde, voyant les divers mouvements

---

1. Dans les fermes du Vexin, ce sont les bergers qui sont chargés de la manutention du pain.

de nos colonnes, sont saisis de peur et rentrent dans la forêt de la Londe.

28 DÉCEMBRE. — Reconnaissance des 2°, 7° et 8° compagnies qui dépassent le Bourgtheroulde et vont jusqu'au pavillon d'Orival, au-dessus d'Elbeuf. La 2° surprend, non loin de là, un détachement prussien.

Aussitôt, la première section, qui était en colonne de route le long d'une allée, se forme en bataille, arme ses fusils, s'avance à pas lents, sans bruit et fait un feu bien nourri sur des fantassins et un cavalier qui étaient dans le chemin. D'autres Prussiens, cachés sous bois, ripostent pendant que les blessés se réfugient dans les taillis. Électrisée par cette fusillade, la 2° section ne se contient plus, fait feu de tous côtés, au risque d'atteindre les camarades et le Capitaine resté debout et impassible au milieu de nous. Les balles se font entendre dans les branchages et sur les troncs d'arbres; l'une vient frapper le garde Canu au petit doigt et lui laboure le côté droit, après avoir, comme un emporte-pièce, fait un trou rond dans la bandoulière de sa carabine. Puis nous continuons notre marche dans l'allée, fiers de sentir le terrain nous appartenir, et nous rejoignons la 8° à l'un des carrefours de la forêt, non loin du pavillon d'Orival.

Dans cet engagement, les Prussiens ont eu quatre hommes tués et autant de blessés [1].

Le jour touche à sa fin, et nous avons deux lieues à faire pour rejoindre le campement qui nous est assigné à la Saussaie. En sortant du bois, près d'un

---

1. Voir la *Verlust-list* prussienne (liste nécrologique) du mois de janvier 1871.

petit pavillon de chasse et derrière une haie, gît le cadavre d'un officier prussien. Serait-ce une de nos victimes de la journée? Le Capitaine de Saint-Foix donne ordre de le faire transporter et enterrer dans le cimetière du Bourgtheroulde. C'est l'ambulance de l'Eure qui se charge de cette triste mission, et, dans la nuit, la voiture roule emportant le mort et le blessé de notre compagnie.

29 DÉCEMBRE. — Nous retournons de la Saussaie au Bourgtheroulde. Ce n'est pas sans nous faire tirer l'oreille, car les habitants du village nous gâtent tous.

On nous assure, en arrivant, que le général Roy a envoyé M. Power, son chef-d'état-major, récemment nommé lieutenant-colonel, au général Mouchez, au Havre, pour lui demander d'agir, en commun, sur Rouen. Celui-ci aurait décliné toute participation, ses troupes ne se trouvant pas en mesure d'entreprendre cette attaque.

En même temps il a des pourparlers avec le général de Lauriston, qui est à Lisieux avec une douzaine de mille hommes et de l'artillerie.

On nous donne de meilleures nouvelles du Commandant de Guillermy, protégé cette fois par ses marins à la sous-préfecture de Bernay. La balle a traversé la main et la cuisse; mais les quatre plaies, quoique graves, ne seront pas mortelles.

30 DÉCEMBRE. — L'attaque de la forêt de la Londe est décidée. Nous avons devant nous plusieurs postes prussiens disséminés dans la première partie du bois, un vaste ravin que suit le chemin de fer, dont la gare et les tunnels sont gardés par nos ennemis, enfin une pente abrupte couverte de neige, au sommet de laquelle ils occupent la *Maison-Brûlée*,

les ruines du château de Robert-le-Diable, le bois des Essards et le pavillon d'Orival.

Le Commandant Ferrus marche sur ce dernier point avec son bataillon et de concert avec le Commandant de Mongolfier, de l'Ardèche;

Le Capitaine de Rostolan, commandant par intérim le 3e bataillon, éclairé par des francs-tireurs, sur Château-Robert;

Le Commandant Guillaume sur la gare de la Londe et la Maison-Brûlée, où il doit opérer sa jonction avec d'autres bataillons de l'Ardèche.

La 2e compagnie reste de piquet au Bourgtheroulde, tandis que notre lieutenant sert d'adjudant-major au 1er bataillon. La neige tombe serrée. — A deux heures de l'après-midi, grand tonnerre de mousqueterie et d'artillerie dans toute la forêt. Le silence se rétablit vers quatre heures. Puis les bataillons reviennent précédés de deux lugubres charrettes, d'où partent des gémissements. La compagnie qui suit est silencieuse. Celles de la gauche chantent et causent. Nous apprenons qu'après une heure de combat, toutes ces rudes positions étaient enlevées. Les Prussiens fuyaient dans Grand-Couronne. Malheureusement le 3e bataillon de l'Eure a beaucoup souffert d'une batterie ennemie sournoisement embusquée à mi-côte, et a perdu un officier, aussi brave que sympathique, le comte de Champigny, blessé mortellement par un éclat d'obus.

La journée, glorieuse et fructueuse pour l'aile gauche, ne l'était pas moins pour l'aile droite, qui avait chassé les Prussiens d'Orival et les avait rejetés sur la rive droite de la Seine, au-dessous d'Elbeuf.

Les 1er et 3e bataillons reprennent leurs campements de la veille, et le général Roy télégraphie le succès à Bordeaux. Les positions conquises sont gardées par la mobile des Landes et de l'Ardèche.

31 DÉCEMBRE. — Reconnaissance de la 2e compagnie dans la forêt de la Londe. Au village de ce nom, nous sommes réclamés par les mobiles de l'Ardèche (bataillon Montgolfier), qui est aux prises avec l'ennemi près du pont du chemin de fer d'Elbeuf. On s'y bat à la baïonnette, et l'Ardèche reste maîtresse du terrain. Nous la soutenons et nous empêchons la reprise du pavillon d'Orival. Le soir nous reprenons la route du Bourgtheroulde, ayant ainsi terminé notre année par un joli succès.

Pendant ce temps, le général Roy visite avec le colonel Power les positions conquises la veille. Mais au Château-Robert il est accueilli par une fusillade aussi vive qu'imprévue. Ce sont les Prussiens qui reviennent en nombre et sous bois pour reprendre ces hauteurs, qui leur sont indispensables. Ils couronnent le mamelon qui domine la ruine. Riposte et résistance des francs-tireurs Thionnet et des Landes. Les Prussiens lèvent la crosse en l'air et s'avancent en vaincus. Les Français, incorrigibles dans leur loyauté, quittent leurs positions et s'avancent en vainqueurs. Un officier prussien frappe du pommeau de son épée, qu'il tient par la lame, la main d'un officier français, qui la lui tend pour le désarmer, et l'on s'entre-tue à bout portant. Hâtons-nous de dire que l'officier, auteur de cette lâcheté, ne reste pas longtemps impuni : il est tué accidentellement dans la lutte par un de ses soldats, qui lui loge une balle dans le dos. Les

Prussiens restent néanmoins très-fiers de cette *plaisanterie*, qui leur rend momentanément la ruine féodale et leur livre la route de la Maison-Brûlée.

Mais bientôt les deux compagnies du 2ᵉ bataillon de l'Eure, laissées la veille à Saint-Ouen, sortent du bois au pas gymnastique, et c'est très-lestement que le capitaine de Bonnechose et le lieutenant des Maisons enlèvent, à la baïonnette, ce monceau de pierres, objet de tant de convoitises, et balaient du plateau les envahisseurs.

La vilenie des crosses en l'air nous coûte une centaine d'hommes et la perte du capitaine Thionnet, fait prisonnier après une lutte opiniâtre dans le pavillon Robert. Il est vrai que les Prussiens payent fort cher leur infamie une demi-heure après, et leurs morts sont assez nombreux pour nécessiter l'envoi d'un parlementaire français au quartier général prussien, à Grand-Couronne.

Le capitaine de Montravel, de l'Ardèche, va proposer au général prussien de lui rendre les victimes de la journée, mais il espère, en retour, que les mobiles et francs-tireurs prisonniers seront traités humainement et avec tous les égards dus à leur bravoure.

Les Prussiens se montrent courtois à son endroit, envoient des hommes pour enlever leurs morts, et promettent à M. de Montravel une prompte réponse par parlementaire au sujet de nos prisonniers.

CHAPITRE VI

JANVIER, FÉVRIER ET MARS.

Affaire de la forêt de la Londe, du château de Robert-le-Diable
et de la Maison-Brûlée. — Bataille du Bourgtheroulde. — Le
capitaine de Saint-Foix est blessé et fait prisonnier. — Retour
sur nos pas. — Licenciement.

1er JANVIER. — La compagnie se repose au
Bourgtheroulde, et fait autour d'une marmite de
punch des vœux pour son malheureux Vexin.

2 JANVIER. — Un temps lugubre. Le ciel est noir
et la neige est chassée par des rafales de vent. On
annonce pour ce jour-là le bombardement des
Moulineaux par les Prussiens. Départ du bataillon
pour Château-Robert, qui domine ce village. A la
Maison-Brûlée, il y a des blessés et des morts sous
un hangar à gauche de la route, du sang sur la neige
et le cadavre d'un franc-tireur dans une charrette.
L'horizon, si beau par un temps clair, ces profon-
deurs de la vallée de Seine, ces lointains panora-
miques où l'on découvre Rouen, sont plongés dans
une obscurité blafarde. Ce sont des voiles de neige
et de brume superposés à l'infini, derrière lesquels
les Prussiens disposent sans doute leurs batteries.

Nous nous déployons en tirailleurs le long du

ravin qui s'enfonce derrière le Château-Robert, puis le soir nous occupons les avant-postes du côté de Grand-Couronne. On est si près de l'ennemi que mobiles et Prussiens de corvée viennent chercher du bois au même tas. La nuit se passe sur un lit de neige et sur le qui-vive; les sentinelles veillent de cette vigilance qui sent que le danger est proche. Les feux des Prussiens, espacés le long d'une tranchée, partant de la Seine et rejoignant la forêt, prouvent que de l'autre côté on est également sur ses gardes. Le Capitaine s'absente une demi-heure pour aller dîner au pavillon construit sur les ruines du château. L'Ardèche y est installée, et les officiers se régalent de confitures prises dans la journée à des Prussiens, venus en maraudeurs aux Moulineaux, et qu'une fusillade des nôtres avait fait fuir et abandonner leur butin.

3 JANVIER. — On aperçoit, à 500 mètres, à travers les bois, une reconnaissance prussienne qui fouille la forêt. Quelques hommes de la 2e compagnie envoyés en éclaireurs, lui font rebrousser chemin. Sur la rive droite de la Seine, trois uhlans viennent lorgner les hauteurs que nous occupons et inspecter les travaux qui se font autour du pavillon pour y établir une batterie. Quelques mobiles leur envoient une décharge qui les force à partir ventre à terre.

A une heure, on signale le parlementaire prussien, attendu depuis deux jours. Il s'avance à cheval sur la route de Grand-Couronne. Nos sentinelles et des mobiles de l'Ardèche, qui n'ont pas vu le drapeau blanc, porté par un clairon, veulent tirer sur lui. Les Commandants Bertrand et Guillaume les arrêtent à temps. Ils reçoivent le parlementaire à l'entrée des Moulineaux, pour ne pas l'introduire dans nos campements, qui sont à 400 mètres au-dessus du village. Les tirailleurs ont quitté leur embuscade et forment la haie l'arme au bras. L'officier prussien, au nom du général, remercie de l'offre dont on a profité pour enterrer les morts, donne les meilleures assurances au sujet du capitaine Thionnet et des autres prisonniers. Enfin, il remet aux Commandants des lettres des captifs et un pli pour le général Roy, ayant trait à un échange de prisonniers.

Le reste de la journée se passe à creuser des retranchements autour du Château-Robert dans les allées de la forêt.

Vers trois heures, notre bataillon reçoit du quartier général l'ordre de redescendre dans le Bourgtheroulde. Nous quittons avec joie ces avant-postes sans abri, ni vivres, ni eau, ces montagnes en plein vent du Nord, et nous sommes heureux de la pensée de coucher sur de la paille et sous un toit.

Nous apprenons que le général Roy vient d'obtenir le commandement des forces du Calvados et de l'Eure, qu'une douzaine de mille hommes et de l'artillerie vont se joindre à notre corps d'armée, qui ne compte que 7,500 hommes, harassés de fatigues et de privations, et que dès le lendemain nos postes seront relevés par des troupes fraîches, ce qui nous donnera un jour de repos sur trois. Nous ne doutons plus que l'attaque de Roüen soit imminente.

On propose au Capitaine de Saint-Foix le commandement du 3e bataillon de l'Eure. Il demande vingt-quatre heures de réflexion à ses chefs, et désirerait que sa compagnie passât dans le bataillon d'Évreux.

4 JANVIER. — Dès cinq heures du matin, une vive fusillade retentit du côté du Château-Robert et de la Maison-Brûlée. L'artillerie tonne sur Orival. Brouillard épais. Le général envoie en reconnaissance les troupes qu'il a sous la main au Bourgtheroulde et fait prévenir celles qui sont disséminées dans les cantonnements environnants. Des estafettes viennent annoncer que les grand'gardes, composées des mobiles des Landes, ont été surprises par l'ennemi sur le plateau qui commande le Château-Robert. Engourdis par le froid, accablés de fatigues, les mobiles ont été écrasés autour du feu où ils dormaient.

L'Ardèche, des retranchements qui ont été creusés la veille, fusille une colonne formidable qui s'avance dans le chemin en lacet menant des Moulineaux à la crête.

A la Maison-Brûlée, au château de Robert-le-Diable et dans ses souterrains, on se bat avec rage. C'est là que sont faits prisonniers, après une lutte corps à corps, les Capitaines de Montravel et Jamme, les lieutenants d'Autheville, Labaume, Vernet et Berchon, de l'Ardèche; le capitaine Bosc, des Landes.

La nouvelle que l'on se bat dans la forêt nous arrive au moment de l'appel du matin. La 2e compagnie reste sous les armes sur la place, et bientôt arrive l'ordre de se porter en avant sur la route de la Bouille. La colonne s'ébranlait lorsque le Capitaine de Boisgelin, revenu à travers bois de la Maison-Brûlée, sa longue barbe noire toute blanche de givre, nous annonce que les positions qui, les jours précédents, nous avaient coûté si cher, sont reprises par les Prussiens, et que ceux-ci sont déjà aux Quatre-Routes, endroit fort rapproché du Bourg-theroulde.

Nous nous déployons en tirailleurs derrière les talus qui bordent la route et entourent les clos si-tués du côté d'Infreville. Les francs-tireurs du Cal-vados, restés en masse sur le chemin en avant de nous, essuient une fusillade, qui tue leur capi-taine.

Nous les appuyons et reprenons leur position en nous faufilant le long des fossés. Les feux de pelo-tons se succèdent sans interruption : plusieurs mo-biles tombent blessés. Le garde Jobin, de la 2e, est tué d'une balle dans le bas-ventre. Trois fois les officiers ramènent la compagnie; mais les Prussiens, favorisés par un brouillard épais, débusquent du bois par tous les côtés. Nous allions nous masser dans la ville en escaladant les haies, lorsqu'une balle vient frapper le capitaine au cou-de-pied et lui fait éprouver une douleur telle-ment vive qu'il tombe. Cette chute le sauve d'une grêle de projectiles, dont les trous sont marqués dans les pommiers qui l'environnent. Saisissant un instant où le feu se calme, il se traîne jusqu'à une chaumière, sorte d'étable, où il se barricade en met-tant un tonneau derrière la porte. A peine y est-il installé, que les coups de crosse font céder les plan-ches et donnent passage à trois canons de fusil. Les Prussiens tirent sans le toucher : il riposte avec son revolver; l'un des assaillants tombe, mais presque en même temps il est renversé par un nouveau coup de crosse dans le dos. C'est en parant un coup de baïonnette qu'un soldat veut lui donner, bien qu'il soit à terre, qu'il reçoit une seconde blessure à la main et une plus grave à la cuisse.

Il était désarmé et dès lors prisonnier.

Nous continuons le mouvement vers le Bourgtheroulde qui nous avait été prescrit par le Capitaine. Les hurrahs formidables des Prussiens se rapprochent de plus en plus. Les bons tireurs de la compagnie, parmi lesquels nous citerons le caporal Bourgeois, les gardes Garret, Duchêne, Hébert, Haranger, font feu à coup sûr et descendent plus d'une fois leur Prussien.

Mais déjà une pluie de balles tombe sur la ville et gêne terriblement les mouvements de nos troupes sur la grande place et dans les rues où nous sommes. Les ardoises et les vitres volent en éclats. Le brouillard redouble d'intensité et ne permet pas de distinguer une forme à vingt mètres. Le général Roy n'a autour de lui que 500 hommes du 3e bataillon de l'Eure, la moitié du 1er, un peloton de chasseurs et quelques francs-tireurs. Il décide que la retraite sera opérée immédiatement sur Brionne, et charge le Commandant Guillaume de défendre l'accès de cette route dans le Bourgtheroulde et de tenir jusqu'à la dernière extrémité. Celui-ci dispose les quatre compagnies qui lui restent, de manière à retarder le plus longtemps possible l'entrée des Prussiens dans le bourg. Des enclos qui entourent la ville nous échangeons une vive fusillade avec un ennemi invisible. Quelques chasseurs, qui ont reçu l'ordre de charger, reviennent en désordre, déclarant que la route est déjà barricadée et que les Prussiens, formés en bataillon carré sur une éminence, les écrasent de leur feu.

La 1re, la 2e et la 3e compagnies de notre bataillon, faisant face à l'ennemi en avant des maisons, soutiennent vaillamment le premier choc. Mais elles sont enveloppées et reçoivent le feu par trois côtés. La route est tellement balayée par les balles, que force leur est de passer par les jardins extérieurs, sous un feu moins direct, pour rejoindre la colonne.

L'ennemi pénètre alors et par la route de Rouen et par celle d'Elbeuf, occupant ainsi le premier tiers du bourg.

Le Commandant, pendant qu'il rallie ses hommes sur la grande place, essuie trois feux de peloton, qui n'atteignent que légèrement son cheval. Il concentre alors, derrière l'église, une centaine de soldats qui lui restent. De cette position, qui commande la route de Brionne, une résistance désespérée s'engage contre les Prussiens, qui déjà ont dressé des barricades sur les routes de Rouen et d'Elbeuf. C'est de quinze à vingt mètres que l'on se fusille. Les balles ennemies se croisent obliquement derrière l'église, et l'espace protégé par l'édifice est à peine assez large pour abriter nos quelques soldats. La ruelle n'est pas tenable pour le reste de la compagnie, qui se voit obligée de se retirer dans une ruelle voisine. Il ne reste que quarante hommes au Commandant, pour tenir tête aux colonnes ennemies qui débouchent par toutes les issues, quarante braves soldats, dont moitié du 3e bataillon, ralliés par les capitaines de Rostolan et de la Brière, et moitié de la compagnie de Louviers, sous les ordres du lieutenant Guibert.

Les Prussiens sont hésitants : ils ignorent le nombre de leurs adversaires, qui sont enveloppés par le brouillard ou retranchés derrière un pâté de masures. Le Commandant les trompe par ses commandements qui s'adressent intentionnellement à tout un bataillon fictif, et chacun conserve ses positions. Des tirailleurs entretiennent un feu nourri aux deux angles de l'église. Le capitaine de la Brière est frappé d'une balle en pleine poitrine. Celle-ci, qui a d'abord fracassé la tête du garde Renon, de la 7e, n'a pas la force de le tuer. Il tombe, se relève et reprend son poste périlleux. Son clairon Brière reçoit à ses côtés une balle dans le front et va s'affaisser contre les murs de l'église. Ledoigt, de la 7e, dont les trois frères sont morts à l'armée, a le genou emporté, mais il recharge et tire deux fois avant de s'étendre sur ses camarades frappés avant lui.

Le Commandant encourage et félicite ceux dont les coups « font mouche », et tance le mobile Thomas, de la 7e, qui, trop rempli d'audace et de témérité, s'avance jusqu'au milieu de la rue pour invectiver les Allemands et abat deux Prussiens.

Cependant nos pertes augmentent : l'ennemi gagne du terrain, et les hommes ont peine à se mouvoir dans un espace qui se restreint sans cesse. On apprend alors qu'une ruelle étroite peut nous conduire à travers champs, jusqu'à la route de Brionne, mais que les Prussiens occupent déjà des points intermédiaires dans le bourg.

La petite colonne se retire donc, protégée par une arrière-garde de six hommes, qui, le fusil en joue, marchent à reculons, prêts à recevoir l'ennemi, s'il s'engage à notre suite dans l'étroit défilé. Les trois hommes qui forment l'avant-garde sont accueillis par une décharge au moment où ils traversent un sentier coupant le chemin que nous suivons. Nous sommes cernés de toutes parts. Le feu s'engage de nouveau à l'abri d'une chaumière qui fait le coin : deux hommes sont frappés à la tête et leurs corps encombrent l'entrée de la ruelle. Le lieutenant Roussel se bat comme un héros d'Homère, en apostrophant ses adversaires. La lutte sur ce point devient des plus critiques.

« Tout le bataillon à la baïonnette! » crie alors le Commandant à ses quelques hommes. Ce commandement jette la terreur chez les Prussiens, qui prennent la fuite. Nous pouvons alors traverser la grande route et nous engager à nouveau dans un chemin couvert menant jusque dans les enclos extérieurs. C'est à la faveur du brouillard que nous pouvons rejoindre nos compagnies, qui ont pris la direction de Brionne et n'ont plus été inquiétées, grâce à notre résistance dans le Bourgtheroulde.

Pendant ce temps, les quatre compagnies du 1er bataillon, qui avaient été envoyées sur la route d'Elbeuf, par le général Roy, dans la prévision d'une attaque de toutes parts, se trouvaient privées de leurs communications, exposées à un feu meurtrier, perdant ceux de leurs hommes que les capitaines chargeaient d'aller prendre des ordres, et après plusieurs heures d'incertitude résultant du brouillard et de l'isolement, elles se portaient sur la Londe pour soutenir le commandant Ferrus.

Nos forces, groupées sur ce point, conservèrent les hauteurs d'Orival jusqu'à la nuit, mais, complétement cernées, elles profitèrent de l'obscurité pour forcer les lignes ennemies et rejoignirent le quartier général à Brionne.

Ainsi finit cette chaude journée qui, depuis trois heures du matin jusqu'à la nuit, ne fut qu'un long combat sur les côtes boisées de la Seine, depuis Elbeuf jusqu'à la Bouille et sur la lisière supérieure de la forêt, depuis la Londe jusqu'à Bourgachard. Nous étions 7,000 mobiles et francs-tireurs; ils étaient 25,000 hommes de vieilles troupes, composées non pas de ces Allemands de pacotille, tels que les Saxons, Wurtembergeois ou Bavarois, mais de régiments Poméraniens qui, ils le disaient eux-mêmes, n'avaient pas vu, depuis Metz, une affaire aussi sanglante.

Tel a été tout le secret d'une victoire, chèrement achetée d'ailleurs, puisque l'ennemi avoue lui-même avoir perdu 1,400 hommes, tandis que nos pertes ont été évaluées à 800, tant tués que prisonniers. Cette différence dans les chiffres est due d'abord aux belles positions que nous avions conquises les jours précédents et qui nous auraient été conservées si nous avions reçu nos renforts, puis à l'énergique défense du Commandant Guillaume dans le Bourgtheroulde. En tenant jusqu'au bout et en persuadant à l'ennemi qu'il y avait un bataillon là où ne se trouvaient que quelques soldats, il a empêché la poursuite de nos troupes par les Prussiens et a fait preuve d'un sang-froid et d'une présence d'esprit bien rares chez des combattants déjà abasourdis par une fusillade presqu'à bout portant.

En sortant du Bourgtheroulde, la 2ᵉ compagnie prend la route de Brionne et s'arrête à Mont-Mal, pour y camper. Consternation en ne voyant pas le capitaine : les uns disent qu'il est resté étendu sans

vie dans un champ, d'autres qu'il est fait prisonnier.
Trente-neuf mobiles manquent à l'appel. Sont-ils
tués, blessés ou tombés au pouvoir de l'ennemi?
Quelle affreuse nuit! L'anxiété est à son comble.
On reste sans vivres jusqu'au lendemain. Le lieutenant Vinot, ordinairement si dur à la fatigue et
si rude soldat, reste lui-même accablé sous le poids
de ses douleurs physiques et morales.

5 JANVIER. — Nous partons pour Brionne le 5 au
soir; nous y couchons, puis, le lendemain, nous retournons en grand'garde à Mont-Mal, toujours dans
la neige et dans l'inquiétude. Nous y trouvons les
mobilisés du Calvados, faisant partie de la nouvelle
armée qui devait renforcer la nôtre et concourir à la
défense des positions qui viennent de nous être si
rudement enlevées. Cruel retard qui pouvait, dit-on,
être évité, si les réclamations du général Roy eussent
été plus tôt accueillies.

6 JANVIER. — D'après le rapport sur l'affaire du 4,
le lieutenant Vinot, le sergent-major de Martineng,
les sergents Lepage et Chevallier, les caporaux Bourgeois et Bister, les gardes Garret, Potiquet, Lecomte,
Hébert, Duchesne et Lenfant sont portés à l'ordre
du jour. Ce dernier, blessé à la main, continue néanmoins son service.

7 JANVIER. — Les mobilisés qui étaient venus nous
rejoindre cherchent à retourner à Bosc-Robert, occupé par l'ennemi, échangent quelques coups de fusil avec lui et rentrent à Mont-Mal. La 2e compagnie, pressentant une attaque, reste toute la journée
sur le qui-vive. Le soir, rentrée à Brionne.

8 JANVIER. — On voit bien que le Capitaine n'est
plus là, car on nous fait retourner, en grand'garde, à

Mont-Mal avant notre tour. Ce campement sans vivres, sans abri ni sans feu, est par trop rigoureux. La neige tombe en épais flocons. Beaucoup d'hommes tombent malades de ce froid. Des éclaireurs prussiens tirent sur les factionnaires Mignot et Pezet. Le lendemain 9, nous rentrons encore une fois à Brionne; mais ce n'est que pour un jour. Ordre nous est donné de reprendre notre position à Mont-Mal.

10 JANVIER. — Coups de fusil échangés entre les gardes Quillet et Héquet et cinq Prussiens, venus en reconnaissance au village de Saint-Martin. Feu de peloton des 1re et 2e compagnies, qui tue un uhlan. Le garde Galley est fait prisonnier. Le 12, nous rejoignons le bataillon à Brionne et campons à Malbrouk.

15 JANVIER. — Après bien des marches et des contre-marches à Carsix, à Plasne et autres lieux, nous partons définitivement le 15 pour Thiberville. Le bruit court que tout notre corps doit rejoindre l'armée de la Loire. Nous campons à Saint-Vincent-du-Boulet. De là, nous nous dirigeons sur Lisieux, où nous étendons nos pauvres membres fatigués sur la laine destinée à la fabrication des draps.

L'intendance se révèle pour la première fois en nous faisant donner les vivres de campagne. Il est bien temps!

17 JANVIER. — Après la plus rude des étapes (39 kilomètres), nous arrivons à Mézidon, les pieds en lambeaux. Pas de logement! Désespoir des mobiles obligés d'aller chercher un gîte à Canon, à 3 kilomètres plus loin, sous la conduite du sous-lieutenant du Buisson. Éreintement général, même du major.

18 JANVIER. — Ordre de partir pour l'armée de la

Loire. Après sept heures d'attente dans la boue et sans vivres (cette bonne intendance se serait-elle donc déjà repliée?), nous nous embarquons à Mézidon. Notre train, véritable limace, met un nombre d'heures incommensurable à nous conduire à Flers, bien qu'il n'y ait que quelques lieues à franchir. Peu de minutes après notre départ, les Prussiens coupaient le chemin de fer à Écouché. C'est en montant en wagon, à Mézidon, que nous entendons quelques mobiles exhaler des plaintes sur le sort du pauvre Bizy qui, depuis le Bourgtheroulde, n'a pas reparu. Ce fidèle compagnon de la 2ᵉ mérite la page que nous lui consacrons ci-dessous.

BIZY

Il n'est question ici ni du village, ni du château, ni de la forêt de Bizy. Mais nous serions ingrats si dans nos tablettes nous ne versions pas un pleur sur le chien de la compagnie. Pauvre Bizy! il n'a pas voulu survivre à son Capitaine fait prisonnier, et dans la chaude journée du Bourgtheroulde, les balles prussiennes l'ont tué. Semblable aux Juifs du Moyen Age, qui portaient le nom de la ville où ils étaient nés, ou à certains bâtards italiens qui s'appellent comme la maison où ils sont venus au monde, notre chien avait été trouvé et adopté par la compagnie, un jour où nous campions sous les châtaigners de la forêt de Bizy. De là son nom. Mais le nom était plus joli que la bête. Buffon lui-même n'aurait pu assigner de race à notre pauvre quadrupède. La pluralité des couleurs de son poil répondait à la pluralité de ses pères. Ce poil rouge, noir et blanc, était d'une rugosité extraordinaire et n'attirait nullement les caresses. La tête eût été assez jolie, si elle avait été coiffée d'oreilles plus longues, mais elles étaient si courtes, que même en les dressant, Bizy ne parvenait à se donner qu'un air profondément grotesque. Son corps maigre et efflanqué, juché sur de hautes pattes, se terminait par une queue en trompe de chasse, comme celle d'un roquet. Rien n'était plus risible quand nous marchions en colonne que de voir Bizy trottant côte à côte de Moblot, le bel et gros bull de la 3e compagnie. Plus hargneux encore que le carlin, son poil se hérissait le long de l'épine dorsale, surtout près de la queue et du cou, et ses grognements étaient plus longs que l'étape. Bizy semblait comprendre que, dans un bataillon, la 2e précède la 3e compagnie; aussi se croyait-il obligé de dépasser Moblot d'une encolure.

Comment pouvait-il distinguer notre compagnie des autres, c'est ce qu'il ne nous a jamais été possible de savoir. En effet, ce n'est point un mobile en particulier qu'il affectionnait, mais son attachement était égal pour tout l'effectif. Ce serait à supposer qu'il avait des notions sur l'abstraction appelée être collectif.

Bizy enfin chassait indifféremment la plume et le poil, la corneille au vol et le Prussien à pied ou à cheval.

Depuis certaine aventure galante qu'il eut à Conches, et que nous ne raconterons pas, Bizy devint morose jusqu'au jour où il disparut complètement. Ce jour, funeste à plus d'un titre, était le 4 janvier. Notre pauvre compagnon est tombé sur la place même du Bourgtheroulde, au moment où le combat était dans toute sa violence.

Nous restons à Flers du 18 au 22. Ce jour-là, ordre nous est donné d'aller à Saint-Pierre-sur-Dives, puis au château de Carrel.

Un mobile du 2ᵉ bataillon, condamné pour insubordination et voies de fait envers des supérieurs, est condamné à mort et exécuté près du cimetière du village.

24 JANVIER. — Punch en l'honneur du nouveau Capitaine et de notre major, nommé sous-lieutenant à la 4ᵉ compagnie. Dans un dîner qui précède en l'honneur des nominations d'officiers, le capitaine Duvivier porte un toast dans lequel, avec sa cordialité habituelle, il n'oublie pas son camarade, prisonnier à Stettin.

26 JANVIER. — Nous campons à Canon. Le capitaine Duvivier qui, depuis que le commandant Guillaume est malade, a pris notre direction, organise des cours pour la théorie et l'école de bataillon.

31 JANVIER. — Nous partons pour Argences, où nous sommes admirablement accueillis par les habitants. C'est là que nous apprenons l'armistice ; bientôt donc nous aurons la paix. Mais à quelles conditions ? On n'ose, hélas ! le prévoir. La compagnie se sent heureuse en pensant que ses prisonniers vont bientôt rentrer et que tous nous reprendrons bientôt le chemin du Vexin. Néanmoins, le commandant par intérim, secondé par le capitaine Lasne, poursuit notre instruction pour le cas où il faudrait recommencer la ·lutte. Les écoles du soldat, de peloton et de bataillon sont sérieusement étudiées, et les vieux militaires, témoins de nos exercices, affirment que nous manœuvrons comme de bonnes troupes de ligne. On nous fait tirer à la cible : nos sniders font merveille. Malheureusement ce n'est que contre des planches.

Après trois semaines de séjour dans un pays que nous regretterons toujours à cause de son hospitalité, nous partons le 23 février pour Caen. L'incertitude dans laquelle on vit, relativement à la paix ou à la continuation de la guerre, nous accable.

Le 26, nous sommes tous consignés dans la gendarmerie, puis le soir, nous partons pour Tourville. C'est dans une des étapes suivantes que se montre la galette de sarrasin.

Après être passés à Ép'nay, Cahagnes et Saint-Amand, nous arrivons à Vire le 2 mars, pour y séjourner jusqu'au 6. L'aspect de notre Normandie change : le pays est plus couvert, plus boisé; on sent l'approche de la Bretagne. Il circule dans le bataillon des bruits de départ pour Brest, Bordeaux ou l'Afrique. Nous inclinerions pour cette dernière destination ; mais, hélas ! notre ancien Capitaine n'est plus là.

Nous enfonçant encore plus vers l'ouest, nous traversons Bénit-Bocage, Mesnil-Ozouf et Maisoncelles, pour aller séjourner à Carpiquet le 9 mars. C'est dans cette localité que les officiers du régiment se font leurs adieux dans un banquet et que l'ordre de désarmement nous arrive. Puis survient un contre-ordre par suite des événements de Paris. La nouvelle se répand que le corps d'armée du général Roy est excepté de la mesure générale, ce qui produit l'effet d'un coup de foudre. Déjà nos cantonnements sont traversés par des bataillons désarmés qui rentrent dans leurs foyers. Ceux de la Loire-Inférieure ne voulant pas marcher sur Paris, bien qu'ils fassent partie du même corps d'armée que nous, rapportent leurs armes à Caen et réclament en leur faveur l'exécution du décret de licenciement dont, au mécontentement général, ils sont admis à profiter. Plusieurs autres bataillons suivent cet exemple. Des communards font de la propagande révolutionnaire dans les campements. L'effervescence gagne tout le monde; cependant, notre bataillon, dans sa sagesse, s'abstient de toute démonstration. Des dépêches s'échangent entre le quartier général et le ministère, et amènent enfin l'application de la mesure générale à tous les régiments du corps d'armée dont nous faisons partie.

23 MARS.—Avant de retourner à Caen pour rendre nos armes et passer la revue de l'intendance, un service et une messe militaire sont célébrés pour les mobiles tués dans la campagne. La dispersion devient alors générale, et chacun d'entre nous regagne ses foyers au plus vite, tandis que les officiers des bataillons de l'Eure vont offrir leurs services au gouvernement de Versailles.

CHAPITRE VII

Souvenirs d'un prisonnier de guerre à Stettin. — Impressions sur les institutions militaires de la Prusse. — Appréciations comparatives sur les deux armées belligérantes.

Nous reproduisons dans ce dernier chapitre les souvenirs du capitaine de Saint-Foix, tels qu'il a bien voulu nous les communiquer :

Le toit de chaume sous lequel je m'étais réfugié était déjà en feu et j'y aurais été enfumé si mes assaillants ne m'avaient emmené avec un mobile de ma compagnie à une ambulance établie dans une maison voisine de la route. J'y fus bientôt rejoint par l'aumônier du 3ᵉ bataillon de l'Eure, l'abbé Odieuvre [1], jeune ecclésiastique dont le courage est au-dessus de tout éloge et que l'on avait arrêté je ne sais pourquoi. Le chirurgien prussien pansa mes blessures, puis on me dirigea à pied sur la Maison-Brûlée, en compagnie de l'abbé. Combien m'ont paru durs ces premiers moments de captivité! Le temps, d'ailleurs, se conformait à mes tristes pensées ; un givre épais couvrait les arbres de la forêt ; il faisait très-froid et les cadavres qui jonchaient la route étaient déjà rigides. Arrivés à notre première étape, après avoir vu défiler devant nous de longues co-

1. L'abbé Odieuvre, nommé chevalier de la Légion d'honneur, est actuellement supérieur du Collége diocésain d'Écouis.

lonnes d'infanterie, de cavalerie et d'artillerie (j'ai
compté 30 canons), l'aumônier fut séparé de moi.
Un officier d'état-major prit mon nom et m'inter-
rogea, puis un autre chirurgien me proposa d'entrer à l'ambulance ; c'était une charcuterie humaine
dans laquelle je refusai de pénétrer.

Je fus conduit de là aux Moulineaux, dont les
maisons étaient dévastées et pillées. En jetant un regard furtif à travers la haie de nos gardiens, je
remarquai des portes béantes, des meubles brisés
et des restes sanglants d'animaux égorgés par les
Prussiens. Enfin j'arrivai à Grand-Couronne pour
être incarcéré dans l'église ; 250 mobiles des Landes
et de l'Ardèche, faits prisonniers dans les combats
de la nuit, m'y avaient précédé ; on comptait parmi
eux huit officiers.

Nous passons vingt-deux heures dans cet humide
édifice, sans couvertures et n'ayant d'autre lit que les
bancs du chœur, la nef étant envahie par nos mobiles.
Mes blessures m'empêchent de dormir ; couché sur
les marches de l'autel de la Vierge, je trouve heureusement une nappe dont je m'empare pour m'en-
velopper. En fait de nourriture, nous devons nous
contenter d'un ragoût servi sur l'orgue dans une
vaste écuelle et dont la sauce était fort claire. Durant
mon insomnie, mes réflexions étaient nombreuses ;
je pensais à la 2e compagnie que je n'avais pas quittée
d'un jour depuis notre formation. Je pensais aux
témoignages de sympathie que me donnaient si
souvent les mobiles du Vexin. J'étais à jamais séparé
d'eux, et pour moi commençait une autre existence
pleine de douleurs morales... Et puis les événements de la journée me revenaient à l'esprit. Quel

avait été le plan de la bataille, et comment se fai-
sait-il qu'on eût cherché à résister à l'armée de
Manteuffel avec de simples colonnes volantes telles
que les nôtres ? Eure, Ardèche, Landes, mobilisés et
francs-tireurs formaient un contingent de 7,000
hommes au plus, dispersés entre Elbeuf et la
Bouille. Les Prussiens, au contraire, solidement établis à Grand-Couronne, étaient maîtres de la partie
de la forêt située au-dessus du village. Le jour où ils
étaient décidés à nous attaquer sérieusement, ils
pouvaient, à cause de la proximité de Rouen, con-
centrer rapidement des forces supérieures aux nôtres
de ce côté. C'est ce qui eut lieu dans la nuit du 3 au
4 janvier. A nos 7,000 hommes, disséminés sur
une étendue de douze kilomètres, ils en opposèrent
25,000, sans compter leur puissante artillerie, que
j'ai vue de mes propres yeux.

Supériorité en nombre, supériorité d'artillerie, sû-
reté de leurs informations, profonde dissimulation
dans leurs mouvements, parfaite connaissance du
terrain, telles ont été à l'affaire du Bourgtheroulde,
comme dans bien d'autres, hélas ! les causes de leurs
succès.

Ainsi s'est trouvé déchiré, dans la journée du 4, le
premier rideau qui couvrait Cherbourg, s'il est vrai
que le gouvernement nous considérât comme des
troupes sacrifiées d'avance, et dont le seul but était
d'inquiéter l'ennemi. Rôle bien ingrat et qui entraînait une grande abnégation de notre part.

5 JANVIER. — En sortant de notre prison, le Commandant chargé de nous escorter donna ordre de
charger les armes. A ce cliquetis, plusieurs mobiles
tremblèrent, s'imaginant qu'on allait les fusiller. Puis

on nous conduisit entre deux haies de Prussiens, fusils chargés, à Rouen, où la population fit une manifestation en notre faveur.

Des groupes se formèrent sur notre passage, et nous entendîmes les cris de : Vive la mobile ! vive la France ! auxquels se joignirent ceux de : A bas les Prussiens ! Cette dernière exclamation provoqua une charge de cavalerie qui bouscula la foule.

Rien n'était plus triste que l'aspect de la capitale normande. Nous avons été heureux, en quelque sorte, de la fuir et d'être immédiatement dirigés sur Amiens, où nous sommes arrivés de nuit. Il y avait déjà dans la gare quelques officiers de chasseurs, d'infanterie et de mobiles, provenant de l'armée du général Faidherbe et pris la veille, près de Bapeaume. Ces officiers, qui devaient être désormais nos compagnons de captivité, furent embarqués dans le même train que nous, et après bien des lenteurs, notre convoi se mit en marche pour Soissons, en passant par Creil. Arrivés à Chantilly et à Senlis, nous entendions les coups de canon qui se tiraient sous Paris. Puis le bruit disparaît à mesure que nous nous éloignons. A chaque instant, on nous gare sur des voies d'évitement pour laisser passer de longs trains d'ambulance. Pendant un arrêt de quelques minutes, je peux me rendre compte du confort de ces voitures ; elles sont larges, spacieuses, ayant un double système de suspension, pourvues de calorifères et en même temps d'appareils de ventilation. En un mot, on y voit toutes ces combinaisons allemandes qui doivent alléger, autant que faire se peut, les souffrances des blessés étendus dans des lits et certainement moins tristes que nous de retourner dans leur patrie, tandis que nous prenions le chemin de l'exil.

L'administration de la guerre a-t-elle jamais eu chez nous un pareil matériel? Nous ne sachons pas qu'elle ait possédé sur nos lignes de chemin de fer la moindre voiture spéciale pour le service des ambulances. Là encore l'imprévoyance a été impardonnable.

L'embarcadère de Reims était plein d'officiers et de soldats prussiens quand nous y passâmes. Les premiers sablaient le champagne comme de la bière et il est probable qu'en choisissant cette ville pour quartier général le chef du corps d'armée, qui y résidait, avait eu dans son cerveau carré une pensée bachique, avant de songer à la moindre combinaison militaire. Je me suis laissé dire par un habitant de Reims, qui s'était risqué à s'approcher de notre compartiment, que les Prussiens favorisaient par tous les moyens en leur pouvoir la culture et le commerce du vin de Champagne et qne des ordres précis avaient été donnés par M. de Bismark pour qu'aucune entrave ne fût mise à une industrie si chère au Chancelier et à son pays.

Le 8 janvier nous passions à Nancy, où les habitants et surtout la population féminine, violant les consignes, nous jetèrent une quantité de vivres et d'effets de toutes sortes. J'obtins dans cette distribution des sabots et des chaussons, fort utiles pour mon pied blessé et gonflé par le manque de soins. Nous conserverons toujours le souvenir de cet accueil et des touchants adieux faits à des prisonniers qui partaient pour l'extrémité septentrionale de la Prusse.

C'est dans ces parages si patriotiques que quel-

ques sous-officiers et soldats, qui étaient dans notre
convoi, profitèrent de l'ébriété de l'officier chef de
train et de la complicité des Lorrains ou Alsaciens
pour s'enfuir. Que sont-ils devenus ? Il faut espérer
qu'ils auront pu gagner les Vosges. Ces évasions
firent redoubler la vigilance de notre gardien ; plus
que jamais il nous fut interdit de quitter notre compartiment et même de nous aboucher avec nos compatriotes. Quel rude séjour que celui d'une caisse
ouverte à tous les vents, sans vitres et dans laquelle
sont empilés huit hommes qui, même la nuit, ne
peuvent étendre leurs membres blessés et fatigués !

La nuit suivante, nous franchissions la frontière,
et les rigueurs dont nous étions les victimes ne dimi-
nuaient pas. Elles devenaient pourtant inutiles, du
moment que nous étions en pays ennemi. Peut-être
les Prussiens se défiaient-ils des habitants du Pala-
tinat ; peut-être aussi avait-on donné de sérieuses
instructions à l'officier bavarois chargé depuis la
veille de notre conduite. Je vois et verrai toujours
cette grosse figure de bébé, imberbe et illuminée
autant par la fumée du vin que par l'air qui devenait
extrêmement vif.

Une fois en Allemagne, nous nous mîmes à marcher jour et nuit ; c'était préférable à ces longues
stations nocturnes sur la voie. Nous étions persuadés
d'ailleurs que la ville qui serait fixée pour notre in-
ternement n'était pas éloignée et cette pensée nous
réconfortait. Mais le train roulait, roulait toujours à
travers l'immensité des neiges. A peine voyait-on
quelques forêts de sapins dont les branches pliaient
sous leur poids glacé.

Un soir enfin nous atteignîmes Berlin, après avoir

stationné à Halle, Fulda et autres lieux. L'autorisation nous fut donnée de quitter notre prison ambu·lante pour chercher à manger dans la gare. Nous ne sommes toutefois descendus qu'après une suite d'allées et de venues sur ce chemin de fer qui parcourt les rues mêmes de la ville. On tenait à nous montrer aux indigènes comme une ménagerie de bêtes curieuses.

Mais un mouchoir tout raide de gelée, tendu contre la portière, nous dissimula aux regards de cette population grossière.

Nous arrivâmes à Stettin le 12 dans la nuit, et là seulement nous apprîmes que nous étions au terme de ce pénible voyage, accompli depuis Rouen pendant huit jours et huit nuits sur la même banquette. Notre wagon était devenu une véritable écurie, de laquelle nous avions hâte de sortir. Le Commandant prussien nous fit donner, par écrit, notre parole de ne pas nous échapper, de ne correspondre que par son intermédiaire. Puis à deux heures du matin et malgré une neige qui tombait à gros flocons, l'on se répandit en ville, cherchant un gîte pour le reste de la nuit. C'était la première fois, depuis bien longtemps, que nous nous trouvions en face d'un lit, si l'on peut appeler ainsi une sorte de couchette, large de deux pieds à peine et n'ayant pour tout complément qu'un matelas, une serviette faisant office de drap et un édredon renfermé dans un sac en toile.

Dès le lendemain, chacun de nous, frisant le dénûment, se mit en quête d'un logis moins cher que l'hôtel, et pour ma part je trouvai chez un bottier polonais une chambre fort claire à cause de son voisinage des toits. La maison eût été tranquille si chaque matin ma bottière n'avait commencé la journée par infliger une forte correction à toute sa progéniture. Il s'ensuivait des pleurs et des grincements de dents ; mais les jeunes bottiers, mâles et femelles, au nombre de cinq, étaient d'un respect et d'une prévenance bien rares chez le gamin français

Le gouvernement prussien était trop habile pour laisser la garde des prisonniers aux officiers distingués et capables d'avancement. Nous fûmes donc mis sous la surveillance de tous ceux qui, par leur peu d'avenir, leur inintelligence ou leur état maladif, avaient été laissés loin du théâtre de la guerre. Aussi la série des vexations de toutes sortes continua-t-elle à notre endroit.

Chaque jour nous sommes soumis à un appel dans la cour d'une caserne, où il faut attendre les pieds dans la neige l'arrivée du commandant. Notre correspondance remise à l'officier de la compagnie à laquelle nous appartenons, languit dans les poches du sergent-major, qui la lit à sa famille avant de l'expédier à la place (*commandatur*), où elle subit un examen minutieux, presque toujours fait par des gens ne comprenant pas notre langue et voyant partout des allusions imaginaires.

Pour donner un exemple, une lettre adressée à un banquier, demeurant dans un des faubourgs extra muros, met plus de huit jours à lui parvenir. Les correspondances de nos parents et de nos amis sont gardées cinq et six semaines à Stettin avant de nous être distribuées. Bien heureux sommes-nous encore quand elles nous sont remises.

La retraite est sonnée à neuf heures tous les soirs, et il nous est interdit de circuler en ville après cette heure. Chaque officier n'a plus aucun rapport avec les hommes de son corps, faits prisonniers en même temps que lui, et les difficultes qui s'élèvent lorsqu'il s'agit de faire passer à nos anciens compagnons d'armes des effets ou un secours en argent sont telles qu'on est obligé d'y renoncer.

Il existe bien un comité de secours, mais les Prussiens réclament toujours le droit de distribution. Aussi les sergents-majors et fourriers font-ils un trafic honteux des effets destinés à nos soldats et commencent par en vêtir leur famille. D'autres les vendent à leur profit à ces juifs que l'on voit rôder toujours près des casernes. On rencontre dans les rues de malheureux turcos sans manteaux et n'ayant pour se couvrir les jambes qu'un misérable pantalon de toile, quand la température est à vingt-cinq degrés au-dessous de zéro.

Le nombre des prisonniers internés à Stettin atteignit 25,000. Les casernes de la ville n'ayant point suffi pour abriter tout ce monde, il fallut construire des baraques en planches près des fortifications. C'est là que furent entassés et exposés aux intempéries de cet affreux climat, nos malheureux compatriotes, sans autres vêtements que des guenilles, sans autre lit qu'un misérable matelas posé sur de la paille que l'humidité avait convertie en fumier. Et quelle nourriture! Les larmes nous vinrent aux yeux le jour tardif où, après des instances réitérées, il nous fut permis de pénétrer dans ces bouges et d'assister à un repas, puis à une distribution d'effets envoyés de Saint-Pétersbourg. Le Consul de Russie faisait lui-même, avec la plus touchante sollicitude et non sans émotion, la remise de vêtements aux prisonniers. Nous revînmes tous deux de cette visite le cœur horriblement serré.

Quelle cruauté d'avoir envoyé en Poméranie, la Sibérie prussienne, les tirailleurs algériens arrivant en droite ligne des confins du Sahara ! La phthisie et la variole les ont décimés presqu'autant que le feu à Reischoffen.

Pendant le mois de janvier, la moyenne des malades parmi nos prisonniers était, au dire des médecins, de 2 par 14 hommes, encore ne comptait-on dans ce chiffre que ceux qui entraient aux hôpitaux; bien d'autres cachaient leurs maux et avaient une répugnance toute naturelle pour ces antichambres du cimetière. On pouvait, d'ailleurs, se convaincre du mauvais état des poitrines à la messe militaire, célébrée chaque dimanche dans une salle de bal appelée Schutzen-Haus. De la tribune des officiers où, à d'autres heures, siégeait l'orchestre, on n'entendait que des toux caverneuses qui couvraient la voix du prêtre.

Malheur au soldat qui venait à mourir sur cette terre étrangère ! Il ne pouvait plus transmettre à sa famille ses derniers adieux, ni obtenir les secours religieux, car à la suite d'intrigues protestantes, le seul aumônier parlant français, l'abbé de Wekke, avait été jeté en prison, en compagnie des prostituées, jugé secrètement et expulsé.

Le 12 février eut lieu l'enterrement du Capitaine D***, du 21e de ligne, mort fou à l'hôpital. Cet officier avait fait partie du même convoi que nous : les fatigues de la route et les émotions causées par la guerre avaient déjà, durant le voyage, ébranlé sa raison. Trouvant qu'il faisait trop chaud dans son wagon, malgré nos 25 degrés au-dessous de zéro, il se mettait dans une nudité complète. Quelques jours après notre arrivée à Stettin, on constata sa disparition, puis il revint tout déguenillé et avec une figure patibulaire : il avait franchi les portes et était allé se pendre dans une forêt de sapins, près de la route d'Altdam. Un paysan l'avait décroché à temps et avait signalé cette tentative à la police. De notre côté, nous dûmes appeler sur ce fait l'attention du chef de notre compagnie, car, par suite d'une injuste mesure, tous les officiers prisonniers faisaient partie d'une dizaine, et chacun d'entre nous devait répondre des neuf autres. Si un officier disparaissait, le reste de la série était emprisonné dans un fort. Le Capitaine D*** fut donc envoyé à l'hôpital, où il mourut misérablement. Son convoi, suivi par plus de trois cents Français, a été une manifestation imposante qui a vivement impressionné les habitants de Stettin.

En rentrant en France, nous nous attendons à être questionnés sur le système militaire prussien, sur l'excellence de telle ou telle partie qu'il suffirait d'emprunter aux Allemands pour être à leur niveau et pour être en mesure de les combattre.

Nous n'avons appartenu qu'à l'armée auxiliaire, et la guerre que nous avons faite n'a été qu'une guerre de partisans. Le mieux serait donc de nous déclarer incompétents dans la matière. Toutefois, nous pouvons affirmer sans crainte que le système prussien est un ensemble admirable d'institutions. C'est le résultat des efforts collectifs de la nation depuis Iéna. C'est, comme le dit le colonel Stoffel, le sentiment du devoir poussé au plus haut point, l'excellence de l'état-major, l'instruction répandue dans toutes les classes, le respect profond pour l'homme instruit, la discipline sévère, qui ont amené nos ennemis à l'état modèle où nous les voyons aujourd'hui. A cette supériorité, il faut joindre celle de l'artillerie qui, chez nous, par suite de considérations pécuniaires, n'a été ni augmentée ni améliorée. Un pointeur prussien reste pointeur durant toute sa vie et se fait dans son état une position à laquelle ne peuvent prétendre nos artilleurs, du moins ceux de l'armée de terre. Il en est de même dans les autres armes : un sous-officier d'infanterie ou de cavalerie voit ses appointements s'augmenter d'année en année, et, bien qu'instruit, il ne vise pas à l'épaulette. Sa conscience, son roi et sa patrie (ce ne sont pas de vains mots au delà du Rhin) l'entraînent bien plus que la perspective du fameux bâton de maréchal, cause de tant de déceptions dans l'armée française.

Il n'y a pas, à proprement parler, d'intendance en Prusse, et les choses n'en marchent que mieux; des commissaires généraux, connaissant les affaires commerciales et négociants eux-mêmes, sont chargés par l'état-major de pourvoir aux besoins de l'armée. En outre, chaque régiment a son commissaire dépendant du chef de corps. La manière dont les agents en question se sont acquittés de leurs fonctions durant la campagne de France, est venue prouver les avantages incontestables de ce genre d'organisation.

Nous ne devrions pas parler de l'habillement ni de l'équipement des troupes, tant nous avons été frappés de notre infériorité sous ce rapport. On parle des volontaires de 92 qui n'avaient pas de souliers ; la misère de nos mobiles était bien autre : les semelles de carton de leurs chaussures se détrempaient et laissaient à nu les pieds, qui ne tardaient pas à s'écorcher. Les pantalons, sorte d'amadou, devenaient indécents en quelques jours. Nous nous rappelons avec tristesse l'accoutrement grotesque de certains hommes, obligés par pudeur de se ceindre d'une couverture retenue autour des reins par un lien de paille !

Il n'est même pas possible d'établir une comparaison entre l'habillement de notre infanterie et celui des fantassins prussiens. Le drap employé pour habiller ces derniers est beaucoup plus fin et plus solide que celui de nos tuniques, et leur tenue, sombre et sévère, n'est pas l'objet, comme en France, de ces changements continuels dont les fournisseurs sont seuls à profiter.

Il existe actuellement dans l'armée prussienne un service auxiliaire créé par M. de Moltke, qui a été, dans la dernière campagne, d'une extrême utilité. Nous voulons parler de l'organisation militaire des chemins de fer, postes et télégraphes. A chaque corps d'armée est attaché un inspecteur général des étapes, autrement dit des communications militaires, qui a sous ses ordres une administration spéciale. Les inspections d'étapes ont pour mission d'assurer les communications entre les armées et la mère-patrie; de réparer les voies de communications, lignes postales et télégraphiques; de faire parvenir à l'armée les renforts en hommes et en chevaux, les vivres et les fournitures; d'assurer enfin le service des ambulances. Afin de ne pas diminuer l'effectif des régiments, le service des étapes est fait par un corps spécial formé de landwehr, infanterie, cavalerie, artillerie et génie.

L'effroyable confusion qui, dès les premières opérations militaires, s'est manifestée en France dans les différents services auxiliaires, suffira pour démontrer aux réorganisateurs de l'armée la nécessité de créer une administration analogue à celle de la Prusse, et qui nous a fait complétement défaut dans la campagne de 1870.

—————

En présence d'une si puissante organisation, cause de nos récents et immenses désastres, nous ne devons cependant pas nous décourager et regarder la partie comme perdue. Le Français aura toujours sur ses adversaires une supériorité incontestable : celle du combat à l'arme blanche. Ce moyen primitif jette l'effroi chez les Prussiens. A l'affaire d'Orival, près d'Elbeuf, où nous sommes restés maîtres du terrain et où la 2e compagnie se trouvait à côté d'un bataillon de l'Ardèche, nous avons été témoins du désordre produit dans les rangs ennemis lorsque les officiers ont fait entendre le commandement : A la baïonnette !

Le Prussien est robuste, mais raide, maladroit et mauvais marcheur. Il semble toujours être sous les yeux de son instructeur, qui en a fait une machine, en usant de moyens brutaux et de coups. « J'en « ai beaucoup donnés, j'en ai beaucoup reçus, je m'en « suis toujours bien trouvé, » disait un vieux major prussien, pendant les guerres du premier Empire.

Ce précepte continue à recevoir son application, tous les jours, sur les places Victoria et de la Parade, à Stettin.

Une telle raideur qui, dans une revue, dans un défilé, fait l'admiration des spectateurs, nuit considérablement à l'agilité et à l'initiative du soldat. L'introduction de la gymnastique dans l'instruction des troupes prussiennes n'a pas modifié cet état de choses, et, malgré tous leurs efforts, les Allemands n'atteindront jamais cette souplesse et cette rapidité de mouvements que l'on remarque chez nos chasseurs à pied, et qui rendent si terribles leurs charges à la baïonnette.

Il est maintenant avéré que lors de nos premières affaires dans l'Est, au mois d'août 1870, il n'y avait pas 300,000 hommes sous les armes en France. Encore, dans ce nombre, faut-il compter les réserves dans lesquelles se trouvaient des hommes qui avaient à peine fait trois mois sous les drapeaux. Or, à cette époque, le nombre d'Allemands massés sur la frontière, après avoir opéré leur mouvement de concentration par cinq lignes parallèles de chemins de fer, s'élevait déjà à 720,000 [1].

Qu'une nouvelle lutte moins disproportionnée s'engage, nous n'avons pas besoin de dire de quel côté sera le succès, quand bien même l'armée française serait inférieure d'un tiers en nombre.

Même après les mutilations que son vainqueur vient de lui imposer, la France renferme encore une

1. Conférences du général russe, Annenkoff, sur la guerre franco-prussienne.

population de 36 millions d'âmes, non compris l'Algérie. La Confédération du Nord n'en compte pas plus de 40 millions avec l'Alsace et la Lorraine [1], provinces sur lesquelles l'Allemagne devra peu se fier. Par conséquent, une loi sur le service militaire obligatoire pour tous peut nous donner, en très-peu de temps, une force numérique de 1,200,000 hommes au moins.

Donc, sous ce rapport, il n'y a plus d'infériorité.

Les craintes relatives à une remise à la Prusse d'un certain nombre de navires de guerre sont évanouies aujourd'hui : notre flotte reste intacte et nous assure la supériorité sur mer. Dans le cas même où la Confédération du Nord viendrait à acheter des bâtiments, les équipages lui feraient défaut.

Les côtes prussiennes de la Baltique sont, il est vrai, d'un accès difficile, soit par ses récifs, soit à cause du peu de profondeur des eaux, cependant un débarquement n'est pas impossible. Deux capitaines au long cours, l'un d'Anvers, l'autre de Rotterdam, et qui hivernaient à Stettin, nous ont indiqué sur leurs cartes de nombreux points sans défense, où peuvent aborder des navires de fort tonnage.

Nous conservons bonne note de ces indications pour les faire connaître à qui de droit et en temps opportun. Mais, en attendant, nous avons la conviction que le rôle de notre marine eût été tout autre, d'abord si on ne l'avait privée de ses bonnes troupes de débarquement, puis si l'administration centrale avait possédé de meilleurs documents sur les

1. Almanach de Gotha, 1871.

côtes prussiennes de la Baltique. En fait de géographie, les Français, en général, sont d'une ignorance honteuse.

Le séjour prolongé de nos prisonniers en Allemage aura été pour nous une dure mais excellente épreuve. La plupart des officiers ont mis à profit les loisirs de leur captivité, et si nous en jugeons par Stettin, beaucoup d'entre eux ont appris l'allemand, et rapporteront des notes et des études sérieuses de nature à éclairer nos généraux sur la manière de combattre les Prussiens. Quant aux sous-officiers et soldats, ils auront vu de près, peut-être même de trop près, la discipline prussienne; ils seront fixés sur la démocratie germanique et la prétendue fraternité internationale.

Tous nous revenons en France pénétrés de la puissance de nos ennemis, mais pleins de cruels souvenirs et bien déterminés à hâter, par nos efforts, le moment où nous pourrons revendiquer nos anciennes frontières.

Que dire d'une ville où l'on est captif? Il semble que c'est une camisole de force, dans laquelle on a peine à se mouvoir. L'idée que l'on est enfermé, que l'horizon ne vous appartient pas, vous attriste profondément. Aussi étions-nous devenus tous d'une extrême irritabilité. Ne me suis-je pas surpris, un jour, en attendant l'appel, en train d'apostropher une corneille qui fréquentait avec bien d'autres les places de Stettin? Elle paraissait grelotter sous son mantelet gris.

« Stupide oiseau, lui disais-je, toi qui as des ailes,

pourquoi habites-tu volontairement un si affreux pays? »

. La neige qui couvrait d'un manteau de deuil les provinces envahies au moment de notre départ de Rouen, n'avait fait que s'épaissir en Allemagne. Elle atteignait un mètre de hauteur en Poméranie, et ne devait fondre qu'en mars, après cinq mois d'existence. L'Oder disparaissait sous deux pieds de glace : charrettes, voitures, traîneaux, circulaient sur le fleuve à travers les navires immobilisés par la gelée. C'est aussi sur cette solide surface que se donnaient rendez-vous tous les patineurs de Stettin, patineurs habiles pour la plupart, mais sans grâce et sans joie. Nous remarquions de temps à autre, se livrant au même exercice, quelques jolies femmes aux longs cheveux blonds, et qui toutes, par leur type scandinave, nous rappelaient Mlle Nilsson. On sait que Stettin dépendait de la Suède avant d'appartenir au petit Électeur de Brandebourg.

Tant que la navigation est interrompue par les glaces, c'est-à-dire depuis novembre jusqu'en mars, les quais de Stettin offrent peu d'animation. Une chose digne de remarque cependant, c'est le commerce de poissons que l'on apporte, soit du fleuve, soit de la Baltique, distante de 25 kilomètres. La pêche s'opère par des ouvertures pratiquées dans la glace à grands coups de pioche. Attirés par l'air, par le jour et par quelque appât, les poissons de toutes espèces viennent s'y faire prendre en si grande quantité, qu'ils se vendent à des prix fabuleux comme bon marché.

En quittant les quais pour monter dans la ville neuve, on traverse quelques belles rues ornées de magasins devant lesquels nous nous arrêtions peu en raison de la température. Bien qu'il n'y ait aucun tilleul, la promenade qui borde la ville dans sa partie supérieure, ne s'en appelle pas moins *Unten-Linden*. C'est là, dans la journée, que se promène le monde élégant; c'est là que les Stettinoises étalent leurs toilettes tapageuses et de mauvais goût.

Nous avons bien raison, en France, de traiter les Allemands de bottiers ou de marchands de lorgnettes. Le luxe des chaussures, si cher aux Prussiens, nous avait nous-mêmes envahis : nous portions presque tous de grandes bottes comme les habitants, précaution d'ailleurs assez nécessaire dans ces latitudes de neige et de boue. Quant aux lunettes, nous nous étions dispensés d'un ornement pour lequel, je ne sais pourquoi, même les jeunes filles ont une prédilection toute particulière à Stettin.

Si j'ajoute foi à certaines confidences qui m'ont été faites, — ceux de nos camarades qui étaient parvenus à s'introduire dans la société, auraient eu beaucoup à se louer de l'amabilité des Stettinoises à leur endroit. Ce qu'il y a de certain, c'est que tandis que les hommes nous repoussaient et souvent même nous insultaient, les femmes, au contraire, nous témoignaient généralement de la sympathie. A l'une d'entre-elles, je demandai un jour ce qu'elle pensait des ménages prussiens : Ils sont irréprochables, me répondit-elle; les Allemands sont si ennuyeux!

Près d'*Unten-Linden* se trouvent plusieurs belles places qui servent de lieu d'exercices, où étaient instruits les innombrables soldats que l'on dirigeait sur la France, même dans les derniers temps de notre séjour.

Devons-nous admirer leurs manœuvres mathématiques, ou en rire ? En tout cas, elles sont le résultat d'une discipline que nous envierons toujours à nos ennemis. Quelquefois j'entendais sur la Parade-Platz les sonneries françaises, y compris la *Casquette au père Bugeaud*. C'est que les Prussiens ne négligent rien en fait de ruses, et que dans plus d'une affaire nos soldats, croyant rejoindre leurs camarades, et trompés par un faux clairon, sont tombés dans une embuscade ennemie.

Quand nous recommencerons la guerre, songeons que nous avons comme adversaire le peuple le plus fourbe, le plus déloyal de l'univers, à qui tous les moyens les plus criminels, ceux que répudie le droit des gens, sont bons pour triompher. Nous devrons cesser, il est triste de le dire, d'être chevaleresques, car ce mot, pour eux, est synonyme d'imbéciles.

A partir du moment où l'armistice fut signé, et où l'on sut que l'une des clauses du traité stipulait la rentrée en France de nos 350,000 prisonniers, les jours nous parurent d'une longueur interminable.

Il aurait fallu entendre les malédictions contre Stettin qui voltigeaient sans cesse sur les lèvres de mon vieil ami et voisin de table, le capitaine de Montravel, des mobiles de l'Ardèche. Nos estomacs étaient las d'une nourriture peu chère, il est vrai, mais où dominaient par trop la charcuterie et les confitures. Un plat composé de saucisses aux poires tapées ou de mouton à la marmelade de pommes, sera toujours, pour nous autres Français, une profonde erreur culinaire.

Le 16 mars enfin, je reçus l'autorisation de rentrer en France à mes frais, et dès le lendemain je pris la route de Berlin. J'aurais franchi sans le moindre regret les murs de la ville où j'étais interné si derrière moi je n'avais laissé de nombreux compagnons de captivité, qui ne pouvaient encore partir faute de permission, puis un ancien collègue, M. de Volborth, consul de Russie, dont la charité à l'égard de nos prisonniers et la bienveillance à notre endroit ont été inépuisables. Le salon de Mme de Volborth était le seul où ait pénétré notre petite bande, et le seul où nous ayons pu oublier momentanément notre exil.

Mon intention était de ne pas m'arrêter à Berlin, ville ennuyeuse au delà de toute expression, surtout dans les circonstances où nous nous trouvions; mais un négociant français, frère de l'un de nos mobiles et établi dans la capitale de la Prusse, me fit tant d'aimables instances, que je consentis à y passer vingt-quatre heures. Ma première visite fut pour l'Aquarium, sorte de maison zoologique, dans laquelle, outre les poissons, sont rassemblés des animaux de toutes espèces, et particulièrement des oiseaux. Les perroquets, jaloux sans doute de ma liberté, se mirent, à mon approche, à jacasser tellement, qu'ils en réveillèrent d'énormes serpents, les plus affreux que j'ai jamais vus. J'en eus un cauchemar durant la nuit suivante, et me hâtai de quitter Berlin pour rejoindre mon pays, en passant par la Hollande et la Belgique.

Quand j'arrivai dans le Vexin, Paris était sous le régime de la Commune.....

Nous dépasserions les limites que nous nous sommes imposées en reproduisant ici toutes les notes que nous avons prises durant notre malheureuse captivité. Il est certain, d'ailleurs, que des officiers de l'armée, qui ont fait en Allemagne un plus long séjour que le nôtre, publieront des ouvrages spéciaux sur les institutions militaires de la Prusse.

Puissions-nous, après la terrible surprise dont nous avons été victimes, nous retremper, nous réformer et nous relever enfin de nos humiliations et de nos désastres !

CHAPITRE VIII

CONCLUSION

S'il était permis à un simple mobile d'émettre une opinion sur la campagne qui vient de se terminer si malheureusement, cette appréciation serait bien sévère non pas envers les trop nombreux généraux de terre et de mer qui nous ont dirigés [1], mais à l'égard des membres du gouvernement de la défense nationale.

Pourquoi avoir laissé dans son propre département un régiment de mobiles qui, se sentant près de leurs foyers, étaient toujours tentés d'y retourner? La première chose à faire était de nous transplanter. On a vu les bataillons de l'Ardèche à l'œuvre, loin du sol natal, et l'on sait la part glorieuse qu'ils auront dans l'histoire de la défense de la Normandie. Du moment qu'on nous laissait sur notre terrain, il eût fallu au moins nous disséminer en francs-tireurs, en guérillas dans notre propre pays, où, en nous cachant, en trouvant des complices dans nos familles, nous aurions pu faire beaucoup de mal à l'ennemi. Combien de fois nos chefs, pour se conformer aux ordres qu'ils avaient reçus, ont-ils dû répri-

1. Quatorze généraux nous ont successivement commandés pendant nos sept mois de campagne : ce qui fait un général par quinzaine.

mer l'élan bien naturel qui nous entraînait vers nos foyers, vers ce territoire que nous savions foulé par les hordes prussiennes!

Pourquoi n'a-t-on pas, dès le principe, songé à protéger la ligne de l'Epte, avant de se retrancher dans la vallée d'Andelle? Nos ancêtres n'étaient pas moins intelligents que nous, et les ruines de leurs forts échelonnés depuis Gournay et Gisors, jusqu'à Saint-Clair et la Seine, attestent encore aujourd'hui que l'attaque et la défense portèrent sur ces points, lors des invasions normande et anglaise. Les Prussiens n'auraient pu contourner cette vaste forêt de Lyons, capable de cacher une armée de 100,000 hommes, et où il aurait été difficile d'être cerné. On eût ainsi empêché ou au moins retardé longtemps l'occupation de nos riches plaines par l'ennemi.

Pourquoi cette absence complète d'intendance et ce dénûment absolu dans lequel nous avons vécu pendant l'hiver?

Pourquoi ces changements continuels de direction? Tantôt nous relevions d'Évreux, tantôt de Rouen, puis de Bernay, de Lisieux, de Caen ou du Mans. Encore passons-nous sous silence les conflits incessants entre les autorités civiles et militaires qui se disputaient notre commandement.

Pourquoi ce manque d'unité, ce manque d'ordres qui empêcha une action combinée sur Rouen? Si, après la marche victorieuse effectuée sous les ordres du général Roy, depuis Bernay jusqu'aux rives de la Seine, nous avions été secondés par les troupes du Havre, l'armée de Manteuffel, déjà aux prises avec le corps du général Faidherbe, aurait peut-être évacué Rouen, où la garnison était alors fort réduite.

Nous y serions entrés en vainqueurs au lieu d'y passer en prisonniers.

Il pourrait être bien long le chapitre de nos récriminations contre un pouvoir qui n'est plus, mais notre lassitude est telle que, pour le moment, nous ne recherchons que le repos et l'oubli, bornant à la sage Normandie notre horizon et nos pensées.

Reprenons chacun notre travail, la conscience tranquille et satisfaite, méprisant ceux de nos compatriotes qui, plus Prussiens que Français, sont assez injustes pour nier nos fatigues et pour nier la part que nous avons prise à la défense du pays. Si nous avons été vaincus, nous ne l'avons été que par le nombre, la ruse, l'espionnage, l'incendie, le vol et par tous ces moyens qui révolteraient la générosité française. Encore les pertes du vainqueur ont-elles dépassé de beaucoup celles du vaincu. Si notre France est mutilée, ses idées, sa langue, sa littérature, son industrie ne connaissent pas de frontières. Lorrains et Alsaciens, entraînés par je ne sais quel courant supérieur, se porteront toujours vers Paris, jamais vers Berlin.

N'oublions pas enfin l'excellente tenue de la 2e compagnie devant le feu comme devant ses chefs, ni la bonne camaraderie qui y régnait. Le jour semble proche où, délivrés du joug étranger, nous pourrons encore une fois *former le peloton* et resserrer les liens qui doivent unir d'anciens compagnons d'armes.

15 mai 1871.

FIN

NOMS DES MOBILES DU VEXIN

COMPOSANT

la 2ᵉ compagnie du 1ᵉʳ bataillon de l'Eure

Avant les versements effectués dans les autres compagnies

Capitaine. — DE SAINT-FOIX (Olivier) ✳, secrétaire d'ambassade.
Lieutenant. — VINOT DE PRÉFONTAINE (Charles), licencié en droit.
Sous-Lieutenant. — DU BUISSON (Raoul), licencié en droit,
Sergent-major. — DE MARTINENG (Jules), avocat, attaché au
parquet de Marseille.
Sergent-fourrier. — DUBOIS (Arthur), chef de gare.
Sergents. — CHEVALLIER (Alfred), ingénieur.
DUBUC (Albert), cultivateur.
LEPAGE (Alfred), pharmacien, étudiant en médecine.
SELLIER (Paul), charcutier.

AMAURY (Auguste), boucher.

ANTHOUARD (Adolphe), cultivateur.

ARNOLD (Alexandre), jardinier, *tambour.*

ASSELINE (Théophile), boucher.

AUBERT (Désiré), cultivateur.

AVISSE (Eugène), cultivateur.

BABIN (Louis), pépiniériste, *caporal.*

BISTER (Emile), chemisier, *caporal.*

BLIER (Gustave), marchand boucher.

BOUDILLET (Alexis), négociant en vins.

BOUGRIER (Emile), marchand de fer, *caporal.*

BOURGAIN (Joseph), charpentier.

BOURGEOIS (Auguste), tonnelier, *caporal.*

BRAULT (Charles), mennier, *clairon.*

BRÉANT (Alfred), épicier.

BUÉ (Eugène), charretier.

CANIVET (Norbert), cultivateur.

CANU (Amand), cultivateur.

CANU (Augustin), journalier.

CANU (Eugène), cultivateur.

CANU (Gustave), journalier.

CHAUVET (Félix), limonadier, *caporal.*

CHAUVET (Georges), cultivateur.

CHARPENTIER (Eugène), charpentier.

CHEVALLIER (Léon), employé aux haras.

DAILLY (Jules), charretier.

DELAFOSSE (Fernand), mécanicien.

DELAHAYE (Albert), boucher.

DELAMOTTE (Isidore), berger.

DELAROCHE (Eugène), cultivateur.

DELARUE (Désiré), boucher.

DELARUE (Henry), boucher.

DELISLE (Achille), limonadier.

DESMARES (Adjud), menuisier.

DESMARETS (Jules), cultivateur.

DOHIN (Alfred), employé.

DROSNY (Charles), cultivateur.

DROSNY (Isidore), marchand de porcs.

DUBOS (Constant), menuisier.

DUCHESNE (Léon), charpentier.

DUCHESNE (Adolphe), boucher, *caporal à la* 8e.

DUCHESNE (Constant), fabricant de dominos.

DUGLÉ (Hippolyte), étudiant, *caporal.*

DUJARDIN (Albert), bûcheron.

DUMONCEL (Louis), cordonnier.

DURAND (Gustave), cultivateur.

DUVAL (Alexandre), journalier.

DUVAL (Pierre), marneur.

EDOUARD (Alfred) tailleur.

ESTÈVE (Comte), propriétaire.

FEUGUEUR (Adrien), cultivateur.

FEUGUEUR (Barthélemy), cultivateur.

FEUGUEUR (Eugène) cultivateur.

FLEURY (Victor), maçon.

GALLEY (Alphonse), charretier.

GARRET (Louis), jardinier.

GODIN (Auguste), mégissier.

GOUILHER (Joseph), jardinier.

GOULET (Louis), sabotier.

GRANDIN (Babylas), commis en épicerie.

GROS (Paulin), jardinier.

GUÉRIN (Alexandre), chauffeur.

GUILLOT (Alexandre), cultivateur.

GUILLOT (Alfred), cultivateur.

HAINFRAY (Élie), peintre.

HARANGER (André), charretier.

HARANGER (Pierre), garde.

HARDY (Napoléon), mécanicien.

HÉBERT (Adonis), cultivateur.

HÉBERT (Darmency), employé.

HECCAN (Jules), commis en nouveautés.

HÉQUET (Albert), bourrelier.

HÉQUET (Victor), cuisinier.

HERPIN (Augustin), jardinier.

JOBIN (Stanislas), vannier.

LANGLOIS (Alexandre), cultivateur.

LAROCHE (Louis), marchand de bois.

LAVAISSIÈRE (Clovis), charron, *clairon.*

LEBAS (Alfred), menuisier.

LEBAS (Édouard), maçon.

LEBEL (Albert), ébéniste.

LEBRUN (Marcel), cultivateur.

LECOMTE (Louis), cultivateur.

LEFÈVRE (Armand), chauffeur.

LEFRANC (Nagel), cultivateur.

LEMELLE (Gustave), charron.

LEMOINE (Constant), cocher.

LEROUX (Édouard), organiste.

LEROUX (François), bourrelier.

LEROY (Edmond), cultivateur.

LESELLIER (Baptiste), charpentier.

LESELLIER (Clovis), cultivateur.

LETESSIER (Marcel), maître d'hôtel.

LETEURTRE (Albert), charretier.

LETEURTRE (Moïse), charcutier.
LETEURTRE (François), maréchal.
LEVASSEUR (Alphonse), journalier.
LODDÉ (Alexandre), (?).
LONGER (Léopold), conducteur de voitures.
LUNEL (Arthur), menuisier.
MAILLARD (Florentin), dit Lenfant, cultivateur.
MALLARD (Paul), journalier.
MALHEUX (Paul), employé.
MARCHAND (Charles), serrurier.
MARCHAND (Jules), cultivateur.
MENU (Bruno) cultivateur, *caporal-fourrier*.
MIGNOT (Alfred), meunier, *caporal*.
MIGNOT (Paul), étudiant en droit.
MONDET, employé de chemin de fer.
NÉNOS (Alexandre), charretier.
PAGNERRE (Louis), propriétaire.
PARMENTIER (Jean), journalier.
PARMENTIER (Joseph), fabricant de bougies.
PELLERIN (Edmond), bourrelier.
PETIT (Louis), jardinier.
PETIT (Louis), charcutier.
PEZET (Louis), charretier.
PHILIPPE (Auguste), charretier.

PIOT, dit Leheurteur, garde.
POSIER (Alexis), journalier.
POTIQUET (Ernest), couvreur.
PRÉVEL (Anthime), briquetier.
PRÉVOST (François), bourrelier.
QUESNEY (Victor), boulanger.
QUILLET (Ézéchiel, charretier.
RABAN (Auguste), cultivateur.
RABAN (Émile), cultivateur.
RAYER (Sénateur), cultivateur.
ROGER (Paul), *caporal*, 8e compagnie.
ROUGET (Paul), propriétaire, *sergent*, 8e compagnie.
ROUSSEAU (Charles), tapissier.
ROUSSEL (Achille), berger.
ROUSSELIN (Eugène), charretier.
ROUTIER (Eugène), cordonnier pour dames.
SAMSON (Louis), charretier.
DE SAINT-ÉTIENNE (Augustin), cuisinier.
SAINT-ÉTIENNE (Apollonius), bonnetier.
THOUIN (Hippolyte), cultivateur.
THUROT (Adolphe), charpentier.
TRÉCEL (Jean-Marie), charretier.
VIGNIER (Louis), employé.
VINCENT (Léopold), charretier.
Windick (Aimé), maçon.

TABLE DES MATIÈRES

———————

Paris. — Imp. Émile Voitelain et C*, 61, rue J.-J.-Rousseau.

www.ingramcontent.com/pod-product-compliance
Lightning Source LLC
Chambersburg PA
CBHW060622100426
42744CB00008B/1468